# 7 Lições para o bem-estar

Atividade Física, Saúde e Qualidade de Vida



COLEÇÃO MEXA-SE

FÁBIO SABA

# 7 Lições para o bem-estar

Atividade Física, Saúde e Qualidade de Vida

COLEÇÃO MEXA-SE

Phorte editora

*Coleção Mexa-se: 7 Lições para o Bem-Estar*


Rua 13 de Maio, 598 – Bela Vista – São Paulo – SP
CEP: 01327-000 – Brasil
Tel/Fax: (11) 3141-1033
*Site*: www.phorte.com E-mail: phorte@terra.com.br

Produção e Supervisão Editorial: Fábio Mazzonetto
Gerente Editorial: Sérgio Roberto Ferreira Batista
Editora Assistente: Waldelice Helena de Moraes Dias
Estabelecimento textual: Maria Apparecida F. Marcondes Bussolotti
Selo Mexa-se: Ilthon Furikawa
Revisão Técnica de Nutrição: Márcia Hirschbruch
Adaptação do texto original: Tatiana Schibuola
Fotografia: Fernando Saba
Projeto Gráfico e Editoração Eletrônica: Waldelice Dias
Ilustração Pentáculo: Débora Davi
Capa: Ilthon Furikawa
Impressão: HR Gráfica e Editora



CIP-BRASIL. CATALOGAÇÃO-NA-FONTE
SINDICATO NACIONAL DOS EDITORES DE LIVROS, RJ

S117s

Saba, Fabio
7 lições para o bem-estar / Fabio Saba. - São Paulo : Phorte, 2008.
il. ; . -(Mexa-se ; v.1)

Inclui bibliografia
ISBN 978-85-7655-155-3

1. Exercícios físicos - Obras populares. 2. Saúde - Obras populares. 3. Qualidade de vida - Obras populares. I. Título. II. Série.

07-3386. CDD: 613.71
CDU: 613.71

05.09.07 10.09.07 003425

Impresso no Brasil
Printed in Brazil

*Pela sensibilidade nas artes de Educar, de interpretar, de fotografar e de amar as pessoas – ao meu irmão Fernando.*

Agradeço...

...à Maria Apparecida Farias Marcondes Bussolotti, por toda atenção até momento final deste trabalho;

às equipes da Phorte Editora, da Central de Cursos UGF e a todo o time do Instituto Phorte. Pela presteza, pelo suporte e pelo carinho sempre;

ao Professor Doutor Valdir José Barbanti que, desde os primórdios da minha carreira acadêmica, incentivou-me a disseminar o conhecimento dos benefícios do exercício físico para todas as pessoas;

...Muito obrigado!

*A vida tem sons*
*Que pra gente ouvir*
*Precisa aprender*
*A começar de novo*
*É como tocar o mesmo violão*
*E nele compor uma nova canção.*

Tavito e Ney Azambuja[1]

# APRESENTAÇÃO

Logo que comecei a esboçar o conteúdo deste trabalho, concluí que o nome **MEXA-SE** lhe cabia perfeitamente. Assim, conjugado no modo imperativo, o verbo mexer é um sopro de vida e de liberdade. É uma palavra de ordem, uma ordem carinhosa. É um incentivo à ação, um chamado, um grito um tanto impaciente, mas esperançoso, um sermão de pai, um conselho de avô. **MEXA-SE** é uma bandeira que levanto na intenção de mexer com iniciativas de movimento. São livros para serem lidos em movimento, caminhando, pedalando ou no vestiário da academia. Um guia anti-inércia. Uma proposta mais saudável que o sofá!

**MEXA-SE** é também uma homenagem a um grito anterior, bradado pela televisão nos anos 70 do século passado, como chamada da campanha Esporte Para Todos. Já naquele tempo havia especialistas e profissionais se mexendo para aguçar os ouvidos da população e colocá-la na rua para suar. Muito foi feito, mas muito ainda falta fazer. A energia daquela grande campanha merece ser reavivada e multiplicada num **MEXA-SE** ainda mais abrangente, e que seja permanente. Então, aqui tomo emprestado o antigo verbo e convido todos a unirem sua voz a esse grito.

O que me move nessa idéia concreta é o desejo de que, um dia, todas as pessoas saibam como é bom praticar uma atividade física, qualquer que seja, mexer o corpo, suar, sentir o prazer de fazer tudo de que o ser humano é capaz com seu corpo. Eu anseio que no futuro a atividade física não seja receitada como remédio para doentes cheios de complicações decorrentes do sedentarismo, mas sim adotada e propagada como parte da cultura de um povo, como forma de lazer, como hábito prazeroso, como parte do dia-a-dia. Espero que a atividade física cresça como assunto não só de especialistas das áreas da saúde, mas como preferência de crianças nas horas vagas, de idosos em dia de festa, de profissionais em *happy-hour*. Meu desejo é que a atividade física caia no gosto de todos os grupos sociais e não precise mais de fervorosos argumentos em seu favor.

Minha intenção com a Coleção **MEXA-SE** é mais do que falar da atividade física. É objetivo deste guia contextualizar a prática física em si, apresentando também o conjunto de conceitos, idéias, atitudes e transformações que a tornam possível e, mais do que isso, a complementam. Não me bastaria defender a importância da execução diária de exercícios físicos, pois a inclusão de tal hábito na vida de uma pessoa requer necessariamente que ela seja convertida, persuadida em todos os aspectos da cultura da atividade física. Em matéria de hábitos saudáveis, a prática de exercícios só será efetiva se for uma atitude adotada com convicção e apoiada por outras igualmente saudáveis. Assim, a cultura da prática física envolve, além dos exercícios em si, um modo de pensar e agir saudável, com influências sobre os hábitos alimentares, o lazer, o humor, o controle do estresse, as relações interpessoais, o dia-a-dia no trabalho, o aproveitamento do tempo, as amizades, a auto-estima, a prontidão para experimentar e agir, enfim, sobre todos os aspectos da vida.

Esta coleção não é uma propaganda de músculos peitorais, glúteos firmes, nem uma promessa de poder performático. Acredito na Coleção **MEXA-SE** como um conjunto de lições, de pensamentos e de reflexões. Um dos meus principais propósitos ao escrevê-la foi levar a público os benefícios de "se converter" à cultura da prática física. O conhecimento prévio desses benefícios, por meio da informação, pode ajudar as pessoas a ver a atividade física com bons olhos e a gostar da idéia de se exercitar. Mesmo que não passem imediatamente a ser praticantes, o simples simpatizar-se com o exercício ou o esporte já é um bom começo. Se, ao conhecer os benefícios, o leitor resolver experimentar, ele terá a chance de evoluir para o reconhecimento dos benefícios em si próprio, o que é uma conquista sem preço. A verdadeira mudança de atitude é aquela movida pelos próprios princípios, reciclados, e não por ordens alheias. A informação e o conhecimento estão a serviço do livre-arbítrio.

Esforços sempre houve no intuito de convencer a população da necessidade de exercitar o corpo. Com outras palavras e até outros argumentos, desde os antigos pensadores gregos, a atividade física era defendida e utilizada como um dos meios de garantir a integridade do homem. Esta coleção relembra os motivos de antes e reforça os de agora, oferecendo uma enorme lista de razões para o leitor dar mais crédito ao que diz o seu próprio corpo.

Entre as mensagens e notícias que o organismo humano tem emitido, de todas as partes do planeta, há estatísticas cada vez mais desagradáveis, o que chega a parecer contraditório diante dos incríveis avanços tecnológicos que conquistamos simultaneamente. Computa-se, por exemplo, a soma de 2 milhões de mortes anuais em razão de doenças crônico-degenerativas que poderiam ser evitadas se os hábitos saudáveis fossem realmente hábitos para todo mundo.[2]

Nós, profissionais da educação e da saúde, acreditamos que essas estatísticas podem ser diferentes em um futuro próximo, se as pessoas souberem que são capazes de protagonizar essa mudança. Estamos apenas começando. Mais projetos devem ser desenvolvidos no Brasil para difundir essa cultura. A adoção de um modo de pensar e de um estilo de vida saudável pelos cidadãos significará não apenas uma conquista individual, mas também uma medida econômica e até estratégica para as nações. A saúde de uma pessoa é um benefício transmitido em cadeia para outras pessoas: um trabalhador que se exercita tem mais disposição, desempenha melhor suas funções, dorme melhor, controla melhor o estresse, falta menos ao trabalho e, assim, pode gerar mais produtividade. Uma nação fisicamente ativa é mais sadia, mais produtiva e gasta menos tempo e dinheiro com tratamentos de saúde e aposentadorias por invalidez.

Um país que tem poucas despesas com serviços públicos de saúde pode investir mais em educação, cultura e outros tantos projetos necessários ao progresso. Logo, a minha bandeira é muito mais do que uma intenção de embelezamento de indivíduos.

Inicio a apresentação desta Coleção com um dos temas mais falados da atualidade na área da saúde. O conceito de bem-estar organizado em 7 lições compondo o primeiro volume. Seguirá a esse, o tema relacionado à melhora da aptidão física e qual a maneira de se entrar em forma. Na seqüência, um livro com objetivo de proporcionar a orientação nutricional com informações simples e importantes que estimularão a mudança desse hábito tão complexo. A seguir, um tema que valorizará a mulher como tema central e outro sobre o envelhecimento, que é hoje, um dos assuntos de maior preocupação da comunidade científica das áreas da saúde e comportamento. E, por fim, um tema que relacionará o desenvolvimento das crianças e adolescentes com o estilo de vida, a obesidade, o sedentarismo e a importância da Educação Física formal e informal. Tudo isso organizado em livros com informações atuais e linguagem coloquial de maneira objetiva e com muita praticidade.

Escrevo, antes de tudo, como cidadão interessado na melhora da qualidade de vida da nossa população. Se escolhi a Educação Física como campo de atuação profissional inicialmente, é porque acredito que as grandes mudanças estruturais acontecem a partir das pequenas mudanças comportamentais, a começar, por que não, pela maneira de caminhar. Como professor em escolas, academias e universidades, função que desempenho há vários anos, tenho tido a oportunidade de observar, ouvir e compreender meus alunos em suas buscas. Sempre cultivo com eles uma relação bastante próxima, o que os deixa à vontade para expor dúvidas, relatos e impressões. Daquele período até os dias de hoje, venho acumulando uma considerável lista de perguntas que acredito serem muito comuns entre praticantes de atividades físicas em geral. Esta coleção é resultado também da convivência com meus alunos, exemplos de pessoas que, cada um à sua maneira, procuram sempre descobrir o poder de mudança que têm. Assim, pude aprender com eles. Aprendi muito com eles. Também espero poder aqui contribuir com outros curiosos descobridores de si mesmos. Aqueles que acreditam que podem mudar.

A quem tem coragem, uma boa leitura e **MEXA-SE!**

*Fábio Saba*

# Prefácio

Tenho o prazer de conhecer o Professor Fabio Saba há mais de trinta anos. Conhecemos-nos na sétima série do antigo curso ginasial (hoje ensino fundamental) e estudamos juntos até o terceiro colegial no curso de humanas, nas classes de "Publicidade e Propaganda", seguindo a doutrina vigente na época que o colegial deveria ser "profissionalizante". Até os dias de hoje, amigos e companheiros inseparáveis nos pensamentos e ações, mas não nas práticas desportivas. Ele, na época, um assíduo freqüentador de pódios nas competições de judô. Quanto a mim, quando o assunto eram exercícios físicos, estes se resumiam em algumas voltas no parque do Ibirapuera às sextas feiras à tarde, que foram logo substituídas por outros afazeres, mais ligados a poltronas e sofás.

Numa sociedade marcada pela divisão das pessoas em "tribos" e a despeito de sua apurada forma física, o Fabio nunca descriminou aqueles que não estavam da sua maneira, tendo como amigos próximos vários "gordinhos" e "gordinhas". Agir dessa forma demonstra uma das principais características de sua personalidade, a de ser um grande "transgressor". Sei que a palavra é forte, mas é exatamente essa. Ele nunca se contenta em ver as coisas da maneira que são e não pensar que elas sempre podem ser melhoradas e atualizadas. Que o senso comum, fonte geradores de muitos folclores - principalmente em saúde – é um grande adversário que gera mais problemas que soluções, mesmo que esses não sejam vistos tão facilmente a olho nu.

Não apenas mudar ou transformar. Ir além. Falar francamente. Explicar o que muitos querem ver escondido. Provocar, no melhor sentido da palavra. Querem um exemplo conclusivo de seu pensamento transgressor e provocativo? Escolher um "sedentário" como eu para prefaciar um livro da coleção Mexa-se.

Ao longo do tempo assisti o Fabio e sua carreira vitoriosa como professor e diretor de grandes academias, onde combateu intensamente (antes do assunto virar moda), o uso de qualquer substância tóxica para melhorar a força física, os anabolizantes. Em outro momento, emprestando seu conhecimento ao poder público transformando o "instransformável", na vice-presidência da FEBEM (Fundação para o Bem-estar do Menor), como Coordenador de Esportes e também como Secretário Adjunto de Educação do Estado de São Paulo e, por fim, como professor de Faculdades e Universidades em todo o país.

Sempre inovando. Sempre um sucesso. Sempre um "transgressor".

Agora, nos apresenta na coleção Mexa-se, o livro "7 lições para o bem-estar", um livro adorável e delicioso. Para aqueles que, segundo suas palavras, "ainda não aguçaram os ouvidos e começaram a suar" um grande incentivo. Para aqueles que ainda nem pensam nisso, "um grito um tanto impaciente, mas esperançoso, um sermão de pai, um conselho de avô", para que comecem logo a mudar. Ou pensar seriamente nisso.

Ao escrever esse livro, nosso "transgressor" nos apresenta, além daquelas do título, outras 7 lições. A de coragem de falar o que deve ser dito. Vamos a elas:

1. Numa sociedade que preza o instantâneo, dizer que não se mudam hábitos arraigados (como o sedentarismo ou o tabagismo) em poucas semanas (do tipo "Fique em forma em 8 semanas" ou coisas do gênero) e que isso é um trabalho de muito tempo – contado em meses e anos. De que é preciso esquecer as fórmulas mágicas porque elas simplesmente não existem.

2. De dizer o porquê as dietas da moda (e rápidas) não funcionam e são perigosas. (Meu Deus, quantos livros existem sobre esse tema!) Até se diminui o peso, mas eles podem voltar. E que para emagrecer

é preciso comer da maneira certa. Nada do popular "fechar a boca" pura e simplesmente.

3. De afirmar textualmente, num momento da história em que existe a certeza de que em saúde tudo pode ser resolvido com pílulas ou nos consultórios dos cirurgiões plásticos, que as desejadas mudanças físicas começam sempre com um processo de autoconhecimento. Sempre de dentro para fora. Nunca ao contrário. Na linha do que dizia aquele anúncio de cosmético: "Se aos 40 anos você pensa que pode ter a pele de uma pessoa de 20, o profissional de saúde que você precisa é um psicólogo e não de um dermatologista".

4. Ao falar que o corpo é uma "máquina" que deve ser usada, que foi feita para trabalhar. Isso põe por terra uma das grandes desculpas dos sedentários, que acreditam piamente que conservam sua saúde apenas ao não consumirem produtos "proibidos", pensando que o corpo é igual a aquele Galaxie LTD Landau ano 79 impecável, que ficou parado anos e está "novo". Para o automóvel funciona. Para seres humanos não, e estamos conversados.

5. De usar termos ditos "técnicos" e traduzi-los. Como explicar a diferença entre *light* e *diet* e suas aplicações. De como entender que não devemos nos preocupar apenas com as calorias quando lemos os rótulos dos produtos. Trabalho há anos com propaganda e nunca vi nenhuma peça publicitária que falasse do assunto tão objetivamente. E de como ficar atento a outras "armadilhas".

6. De dizer que existe o estresse bom e o ruim, e explicar a diferença entre os dois de forma clara. E aprender a entender o que acontece com nosso organismo e antes de se entupir de remédios (isso quem diz sou eu), ter uma noção realista das coisas e ter força de vontade para encarar os desafios.

7. Que drogas são ruins e fazem mal e devem ser evitadas. E reconhecer que as maiores são o cigarro e a bebida, e que nenhuma dose é segura. Outro capítulo imperdível. Nele, aparece outra "transgressão":

perguntar para uma sociedade que começa a beber cada vez mais cedo se "existe diversão na ausência do álcool? Ora, é claro que existe! Então, em vez de ficar se enganando com venenos, vá estimular sua desinibição de outro jeito, vá se divertir de verdade, vá a lugares onde você se sinta realmente à vontade, onde você não precise forjar um sorriso nem ficar se esforçando para entrar na dança".

O primeiro livro da coleção Mexa-se, *7 Lições para o bem-estar* é para ser lido várias vezes, repetido como um mantra, em todas as condições e de todas as maneiras– no metrô, antes de dormir, no banheiro. Entender que esse livro não é a propaganda de músculos peitorais e glúteos firmes, mas uma profissão de fé da "certeza que a atividade física não deve ser receitada como remédio para doentes cheios de complicações decorrentes do sedentarismo, mas sim adotada e propagada como parte da cultura de um povo, como forma de lazer e hábito prazeroso".

É, esse moço é um verdadeiro "transgressor".

*Marcos Barello Gallo*

Publicitário especialista na área de saúde.

# Sumário

# Em nome do BEM-ESTAR

Para bem viver neste mundo, minimizando nossos problemas de origem externa, é necessário gozar de boa saúde, ter qualidade de vida e alcançar um bom aproveitamento do nosso corpo. Mas nós queremos mais do que evitar ou minimizar problemas; queremos nos sentir bem o máximo de tempo possível. Nós queremos viver em um estado constante de *bem-estar.*

*Bem-estar* engloba os conceitos de saúde, qualidade de vida e aptidão física, e é mais do que a soma dos três. *Bem-estar* é o conforto diante da vida, é a concordância com o tipo de desafios e compensações que ela apresenta, é o estado de perfeita satisfação física e moral, é a harmonia entre os pensamentos e as ações de uma pessoa em relação a si mesma e à coletividade. A idéia de *bem-estar* está muito presente na vida de todos nós, na medida em que todos buscamos uma relação sadia com nosso ambiente, com as pessoas ao nosso redor, com nossa psique, com nosso corpo. O que torna essa busca sadia é nossa atitude, se guiada por princípios éticos e ideais de saúde e de felicidade.

*Bem-estar* é fruto de uma percepção pessoal e depende das condições de saúde, dos relacionamentos interpessoais e dos riscos inerentes ao modo de vida de cada pessoa. De acordo com esse princípio, o Professor Dr. Markus Nahas[3] identificou cinco aspectos fundamentais do cotidiano que tornam essa percepção positiva: nutrição (a qualidade da alimentação); atividade física (exercícios habituais); estresse (estilo de vida e mecanismos de controle); comportamento preventivo (uso de equipamentos de segurança em situações de risco, não-uso de drogas, estratégias para garantia da

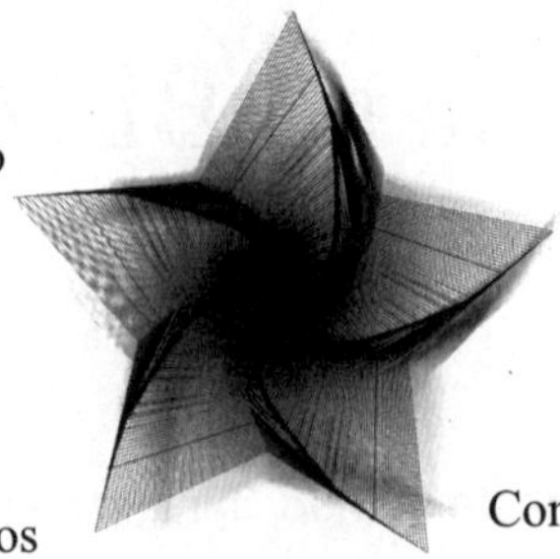


boa postura etc.); e relacionamentos (interpessoal, intrapessoal e com o ambiente). Eles formam o pentáculo do *bem-estar*.

O pentáculo resume os compromissos que cada indivíduo deve assumir, consigo mesmo, a fim de se respeitar e se preservar. É o código de atitudes saudáveis que promove altos índices de saúde e prevenção de doenças; que reflete cuidado nas relações interpessoais, de modo a manter elevado o estado de espírito; que leva a ponderar diante de tentações e a recusar envolver-se em ações que poderiam ser prejudiciais. Atitude pró-bem-estar é conhecer e respeitar seus limites e evitar pensamentos e ações autodestrutivos. O nível de *bem-estar* de uma pessoa depende muito de suas escolhas.

É nesse sentido que o *bem-estar* se tornou objeto de estudo e meta da Educação Física e de várias áreas da saúde. Tendo como ferramentas principais a atividade física e o conhecimento do corpo e como aliada a alimentação adequada, a Educação Física levanta a bandeira do *bem-estar* a partir do movimento, com propostas que repercutem positivamente em vários aspectos físicos e não-físicos de uma pessoa, entre os quais a administração do tempo livre, o lazer e a interatividade social. Deve ser o *bem-estar*, portanto, o principal objetivo de qualquer atividade física.

A atividade física por si só nem sempre traz *bem-estar*. Se praticada sem prazer, ou por obrigação, sem que haja nela qualquer atrativo para o praticante, ela pode se tornar um estorvo até prejudicial. Imagine ter de repetir três vezes por semana um esforço que, por algum motivo, você odeie? Em pouco tempo, é quase certo que a vítima de tal injustiça irá abandonar a prática para sempre. É por isso que hoje os bons nutricionistas não excluem totalmente da dieta de seus pacientes os alimentos (ou guloseimas) de que mais gostam, mesmo que sejam hipercalóricos, mas procuram compensar os excessos de uma maneira mais agradável, com ótimos resultados. Está provado que o paciente cumpre com muito mais rigor as dietas de que gosta. O mesmo acontece com os programas de exercício físico. Por mais que seja importante para a saúde, um programa eficiente de exercícios não irá trazer *bem-estar* ao praticante, se for extremamente desagradável para ele. Sabendo disso, os bons centros de prática procuram, antes de prescrever qualquer atividade, saber quais são as preferências de cada um de seus clientes.

Muitos dos adeptos da prática regular de atividades físicas também sabem disso, e aproveitam a diversidade de modalidades esportivas para fazer o que gostam. Afinal, não é apenas a esteira ergométrica que condiciona o músculo cardíaco. Um bom trabalho cardiovascular, embora seja realmente mais fácil de monitorar em um equipamento como a esteira, também, pode ser desenvolvido numa roda de capoeira, em uma quadra ou até no tatame, por exemplo.

A saúde e a estética como alguns dos objetivos mais procurados da prática regular de exercícios são muitas vezes fatores de rejeição. Há pessoas que não podem nem pensar em entrar em uma sala de musculação, pois associam a academia à idéia de “gastar” seu tempo em um equipamento, sem nenhuma outra meta a cumprir senão um vai-e-vem de partes do corpo. Mas as academias de ginástica também estão, aos poucos, mudando seu enfoque, à medida que compreendem que o *bem-estar* deve ser o resultado constante do seu serviço.

As academias de ginástica, estão se transformando em centros de lazer e *bem-estar*. Seus clientes as têm como um lugar para encontrar amigos, bater papo, se divertir, ver e serem vistos, relaxar, meditar, navegar na Internet, ouvir música, ler revistas, receber informações sobre seu corpo, tomar um lanche, marcar encontros e passeios, montar equipes e, além disso tudo, fazer exercícios e entrar em forma.

Será que você está participando desse movimento que caminha na direção do *bem-estar*? Nosso propósito, aqui, é construir idéias e ferramentas que contribuam na mudança de comportamento em prol da promoção do bem-estar e da saúde.

## SAÚDE: COMO VAI A SUA?

Assistindo à televisão, é freqüente ouvirmos falar em vida saudável, viver com saúde, e é importante cuidarmos da nossa saúde. Aliás, não só a TV, mas a imprensa toda trata do assunto: as revistas, os jornais, o rádio, a Internet, seja em *sites* e portais jornalísticos, seja em *sites* específicos sobre saúde. Apesar do tom de novidade, essa é uma preocupação que, entre os profissionais de saúde, já vinha disputando a luz dos holofotes há pelo menos algumas décadas. Mas, afinal, o que é essa tal de saúde tão cobiçada? Será que estão todos falando da mesma coisa?

Em 1940, a Organização Mundial da Saúde (OMS)[4] definiu seu objeto de estudo: "um estado de completo bem-estar físico, mental, social e espiritual, e não somente a ausência de doenças ou enfermidades". Tratava-se de um avanço, pois até então um médico não daria atenção a quem não apresentasse sintoma de doença. O que a OMS anunciou há mais de 60 anos foi que as doenças eram desequilíbrios em estágio avançado, eram manifestações desesperadas de problemas de saúde, anteriores aos sintomas que a medicina tratava. A partir daí, as ciências da saúde passariam a tratar o homem, não a doença.

O conceito atual de saúde é, portanto, mais abrangente, holístico, e até mais rigoroso. Não se espera mais que uma doença se manifeste para que as providências curativas sejam tomadas. A ciência corre para se adiantar e prever problemas de saúde, na ânsia de saná-los antes que aconteçam. Os profissionais de saúde estão, cada vez mais, atentos a detalhes do corpo humano, a fim de descobrir os menores riscos, os menores desvios da normalidade.

Assim, ser saudável, no século XXI, tornou-se incomum. Ainda que não manifeste nenhum sintoma específico de doença grave, uma pessoa pode não ser considerada saudável, se não estiver na sua mais plena capacidade de produzir e exercer suas atividades diárias. Tornamo-nos hipocondríacos? Talvez zelosos, caprichosos, exigentes. Buscar a saúde, hoje, não significa apenas evitar a morte, mas principalmente aproveitar a vida com total disposição.

Quer exemplos? Quantas pessoas toleram desvios de coluna, dores de cabeça, dores em articulações, vista cansada, insônia, excesso de sono, bruxismo (o ranger ou pressionar dos dentes durante o sono), sobrepeso e outros desconfortos diários ou esporádicos sem considerá-los problemas urgentes a serem resolvidos?

Por isso, que, além da medicina e da farmácia – tradicionais responsáveis pela cura de doenças – diversas outras áreas da ciência passaram a se envolver na promoção da saúde, de modo cada vez mais integrado. Médicos de variadas especialidades – cada vez mais especializadas– , farmacêuticos, psicólogos, terapeutas, profissionais de educação física, fisioterapeutas, nutricionistas, dentistas e tantos outros, todos eles profissionais da saúde, buscam proporcionar a seus clientes e pacientes as condições ótimas de funcionamento de seu corpo e de sua mente, baseados em critérios fisiológicos e psicológicos.

E por que os meios de comunicação exploram tanto essas buscas no campo da saúde? Ora, quando se fala em saúde, o maior interessado é você. É o seu corpo, é a sua cabeça que está sendo explicada. E essa constância do assunto na comunicação com o público fez da mídia um aliado poderoso dos profissionais da saúde, que precisam de uma população bem-informada para mudar hábitos em prol de seu próprio bem-estar.

A mudança de hábito é, aliás, um dos pontos cruciais para o sucesso do trabalho desses profissionais. Sozinhos, eles não são capazes de prevenir todas as doenças. Muitas delas só podem ser evitadas pelo paciente. É esse o enfoque que o fisiologista americano David Nieman[4] deu à saúde, em 1999: "estado dinâmico de bem-estar positivo daqueles que possuem hábitos que promovem a saúde".

Os avanços em todas essas ciências têm conduzido a uma concepção de saúde como um equilíbrio, uma medida certa das ações do homem que somente levem ao seu bem. O homem no controle dos seus comportamentos. Trata-se da vinculação direta da saúde com o estilo de vida.[3] O comportamento do homem reflete, benéfica ou maleficamente, em seu corpo, sua psique, seus sentimentos. Sua saúde deriva da sua condição global, uma vez que o estado do seu físico interfere no seu estado mental e vice-versa. Saúde plena é *mens sana in corpore sano* (mente saudável em corpo saudável).

E como conseguir isso? Como garantir nossa saúde global sem precisarmos viver dentro de uma bolha? Será que todo praticante de exercícios físicos é saudável? Será que todo não-fumante é saudável? Como exibir um *lay-out* saudável e ser de fato pleno?

Na vida que levamos não é nada fácil dirigir as nossas ações para o bem e para o que é mais saudável. O estilo de vida do homem do século XXI conspira contra sua saúde. Correria, falta de tempo, compromissos em horários impróprios, acúmulo de atividades – muitas vezes desde a infância – para muitos, esse cotidiano pode ser tão cansativo e esgotante que não raro resulta numa compensação de fim do expediente, a preguiça. Ela parece colar os quadris na poltrona! Ok, podemos colocar a culpa na tecnologia, afinal é o controle remoto da TV que nos mantêm presos ao sofá; é o nosso carro sempre à mão que não nos deixa mais caminhar; são os alimentos industrializados, cada vez mais fáceis de preparar e de comer e com embalagens cada vez mais práticas, que nos fazem aumentar a ingestão de gordura e de aditivos químicos nocivos ao organismo.

E ainda existe a tentação dos vícios, que há gerações nos acompanham como eternos inimigos da vida saudável. Estão aí o fumo, o álcool e um enorme leque de drogas dos mais variados tipos à disposição de qualquer pessoa -estão mais presentes entre nós do que você imagina. O mercado de vícios também se desenvolve, criando novas variantes mais potentes a cada geração, novos atrativos e conquistando mais e mais adeptos. Não é à toa que vêm se intensificando os alertas contra o uso de álcool e, principalmente do fumo.

Ainda que não matem, certamente essas substâncias provocam efeitos devastadores no corpo e na mente de seus usuários. Certamente você conhece vários desses efeitos, já ouviu falar de pessoas que morreram de câncer de pulmão ou de outros órgãos devido ao cigarro, mas, ao mesmo tempo, convive com inúmeros fumantes que chegarão vivos à terceira idade. Da mesma forma que sabe que existem beberrões que não são alcoólatras e ex-viciados em cocaína, plenamente reintegrados à vida normal. Você também já deve ter ouvido, ao menos uma vez, alguém dizer "você não vai morrer por causa disso", referindo-se a algo que não faz muito bem. É verdade que as drogas, sejam elas lícitas ou ilícitas, nem sempre levam o usuário à morte, nem sempre causam doenças de nomes assustadores, nem sempre viciam. Mas é certo que elas interferem no bom funcionamento do corpo e da mente e desestabilizam o estado que se pode chamar de saúde, muitas vezes, manifestando o acúmulo desses efeitos tardiamente.

## Inimigos da saúde

*Sedentarismo, má alimentação, falta de sono, estresse, cigarro, álcool, drogas. Você pode mantê-los sob controle..*

Um dos quesitos apontados para que uma pessoa tenha saúde e bem-estar é a adoção de comportamentos preventivos. São inúmeros os comportamentos que podem ser considerados preventivos, caso se considere como risco qualquer possibilidade de doença ou acidente que leve à morte, à inaptidão ou à baixa auto-estima. Hábitos de higiene – pessoal, do ambiente, com os alimentos que consome – são, portanto, comportamentos preventivos, uma vez que evitam a contaminação e a proliferação de germes. Observar as regras de trânsito também, ainda que acidentes possam ocorrer por culpa de outros. Um dos grandes riscos que nos ameaçam atualmente é a transmissão do vírus da AIDS, principalmente por via sexual, o que coloca o sexo seguro entre os principais comportamentos preventivos, ao lado da vacinação e dos exames clínicos e laboratoriais – em especial os de detecção precoce de câncer de próstata, mama e colo do útero.

A principal regra da saúde no século XXI é: *cuide-se*. Apesar dos avanços da medicina e da farmacologia, que continuam em busca da cura para todos os males, boa parte dos problemas de saúde, que o homem moderno ainda enfrenta, é mistério para a ciência, o que vem abrindo espaço para a medicina preventiva e outras áreas da saúde. O homem moderno percebeu que, com as melhorias tecnológicas, outros problemas apareceram: se a máquina foi inventada para diminuir o cansaço dos homens, junto com ela veio a tendinite; se aumentou a expectativa de vida, cresceu o número de idosos sofrendo os incômodos da velhice. E, já que não há solução para todos os problemas, a melhor saída é evitá-los na medida do possível. E isso cada um deve fazer por si. Até porque a prevenção é sempre mais barata e menos penosa do que o tratamento. Como perguntaria o Dr. Brian J. Sharkey,[5] médico do esporte dos Estados Unidos, se você cuida do seu trabalho e de suas responsabilidades com todo o zelo, por que deixar seu corpo sair do planejamento?

A partir de agora, iremos nos concentrar em comportamentos de risco que têm preocupado os profissionais de saúde e os governos devido à quantidade de problemas – de saúde pessoal, de saúde pública, familiares e de ordem social – a que estão associados – e que poderiam facilmente ser evitados, e à rapidez com que têm afetado milhões de pessoas no mundo todo. O foco desse trabalho são as sete atitudes autodestrutivas que vêm contaminando gerações de adultos e jovens cada vez mais cedo: o sedentarismo, a má alimentação, a privação de sono, a redenção ao estresse, e o uso de álcool, cigarro e outras drogas. Evitá-las, e combatê-las, é regra número um para entrar para o time das pessoas saudáveis.

O que virá a seguir, são esses inimigos transformados em Lições.

Lições positivas, Lições responsáveis para você, seus familiares, seus amigos e para toda a sociedade!

# 1
# Levante-se desse sofá!

*A vida moderna inventou também o sedentarismo. Livre-se dele o quanto antes!*

Parodiando o dito popular, há pessoas que gostariam que "o mundo terminasse em barranco"... só para morrerem encostadas. Parece exagero, soa até mesmo engraçado, mas aponta um perigo real. O perigo de se render à preguiça e tornar-se uma pessoa acomodada ao sedentarismo.

Sedentarismo é o estado de quem pouco se mexe, vive sentado, evita o movimento. Caracteriza-se como sedentário quem não realiza atividade física extra no dia-a-dia, o que em um adulto corresponde a um gasto energético abaixo de 2.500 kcal (quilocalorias) por semana. No contexto da vida moderna, sedentarismo é o hábito de substituir movimentos básicos, como caminhar, correr, saltar, trepar e carregar, pelo movimento dos dedos diante de um teclado – do controle remoto, do computador ou do telefone. É o nome que se dá ao costume de responder "outro dia eu vou" ou "não tenho tempo", toda vez que alguém o convida a transpirar. Será o sedentarismo parte irrecusável do pacote da vida moderna?

Com a industrialização e a tecnologia, veio, por exemplo, a televisão. Quem tem tevê não precisa ir até o local e no momento dos acontecimentos, para ver ao vivo o que está rolando do outro lado do mundo. A televisão criou (ou favoreceu) o hábito de ficar sentado no sofá por algumas horas. Aí, por causa da preguiça de se levantar para mudar o canal, o homem inventou o controle remoto – ou a preguiça de se levantar teria surgido depois (e por causa) da invenção do controle? Sem falar nas outras modernidades que levam a culpa pelo sedentarismo, como o elevador, o carro, o computador, a Internet, o telefone... Quem terá vindo primeiro: a necessidade de não sair do lugar ou a comercialização de todas essas facilidades tentadoras?

Seja lá qual for a ordem dos fatores, o produto criado foi a progressiva diminuição da atividade física, incentivada pelas máquinas que substituem a ação humana – aceitas, desejadas e compradas por todos que têm condições financeiras de adquiri-las. Será que, à medida que essas pequenas máquinas, cada vez mais compactas, nos facilitam e agilizam a vida, teremos menos necessidade de nos mexer? Será mesmo o entretenimento digital mais interessante do que o esporte ou o lazer ao ar livre, com pessoas reais e não virtuais? Será que o ápice da evolução humana será controlar tudo por meio de minúsculos botões presos ao corpo, sendo o esforço físico um fardo desnecessário?

Muito pelo contrário! O corpo, essa máquina particular, foi feito para trabalhar. Todas as suas partes, todas as peças móveis, os fluidos lubrificantes, os gases e as substâncias circulantes, tudo está aí para desempenhar um conjunto de funções. E há aí um detalhe importantíssimo que a sociedade moderna está esquecendo: muitas dessas funções mecânicas e orgânicas só acontecem se o corpo se movimentar. Se ficar muito tempo parado, não funcionará plenamente.

Obviamente, voltar à riqueza da quantidade de movimentos da Idade da Pedra não é a solução. O jeito é compensar as facilidades da vida moderna, dando outros tipos de trabalho ao corpo, isto é, qualquer movimentação que seja suficiente para que as tais funções dependentes do movimento permaneçam ativas. O que não pode é ser sedentário. Como bem coloca outro dito popular, "quem fica parado é poste".

## O TAMANHO DO PROBLEMA

*Gente que não faz exercício cria problemas para si mesma – e para a sociedade toda também.*

Nos dias de hoje, o sedentarismo não é privilégio de uma classe rica que ostenta a inatividade, como já foi no passado. O sedentarismo foi eleito, pela Organização Mundial de Saúde (OMS), um dos principais inimigos da saúde pública, responsável pelo aumento do risco de morte por todas as causas, sendo o fator de risco com maior prevalência na população brasileira. No Estado de São Paulo, o problema está à frente de outros fatores de risco, como hipertensão arterial, obesidade, tabagismo e alcoolismo. Estima-se que a inatividade física seja responsável por mais de 2 milhões de mortes por ano em todo o mundo, em virtude de sua influência na ocorrência de doenças, principalmente, as chamadas crônicas não transmissíveis (DCNT), todas elas evitáveis.[2] As doenças mais comumente causadas ou agravadas pelo sedentarismo são as coronarianas, a obesidade, a hipertensão, o diabetes e a depressão.

Dentre os fatores de risco para problemas cardíacos, o sedentarismo é um dos mais evitáveis. Segundo a American Heart Association (AHA), fatores como a hereditariedade e o envelhecimento não podem ser alterados, mas o fumo, a inatividade e a má alimentação são perfeitamente controláveis. Os outros fatores de risco apontados pela AHA, como pressão alta, colesterol elevado, diabetes e estresse, também, podem ser amenizados pelo exercício físico, pois este reduz as gorduras sangüíneas, aumenta o bom colesterol e, segundo relatos de praticantes, diminui a ansiedade, evitando ainda a depressão.[4]

O atual estilo de vida é responsável por 54% do risco de morte por infarto e por 50% do risco de morte por derrame cerebral, duas das principais causas de morte de brasileiros.[6] Embora um rápido crescimento do número de pessoas com essas doenças venha sendo registrado, também, nos países ricos, é nos países em desenvolvimento – incluindo o Brasil – e nas classes mais desfavorecidas da população que os problemas se agravam mais perigosamente: 77% do número total de mortes causadas por essas doenças ocorrem nos países de rendas baixa e média.

Além de aumentar a morbidade e a mortalidade, o sedentarismo custa caro aos cofres públicos mundiais. Cerca de 70%[7] dos gastos com saúde pública são destinados aos custos com doenças causadas pelo sedentarismo. Nos Estados Unidos, os custos diretos com a inatividade física chegam a US$76 bilhões[8] por ano. Em um país economicamente frágil e com deficiências preocupantes nos serviços públicos de saúde, o estilo de vida inativo é ainda mais devastador. Não existem muitos dados disponíveis sobre as despesas no Brasil, mas segundo o Agita Mundo (movimento pelo incentivo à atividade física, iniciado em São Paulo em 1996 e expandido para o âmbito planetário em 2002), só na cidade de São Paulo, em 2002, os custos diretos da inatividade física foram de US$34,7 milhões.[2]

No Brasil, grande parte da população é absolutamente sedentária. Os demais brasileiros dividem-se entre os que efetivamente realizam um programa de atividade física, com o intuito de otimizar suas capacidades físicas, e aqueles que estão repetidamente entrando e saindo dos mais variados tipos de programa de exercício físico, sem apresentar nenhum resultado concreto. Ou seja, para boa parte dos brasileiros que desejam levar uma vida saudável, há uma intenção de realizar exercícios físicos, mas, pelos motivos mais diversos, isso não ocorre. Assim, a partir desta matemática de aproximações, é muito fácil notar que a maioria esmagadora da sociedade brasileira não possui uma rotina saudável de exercícios físicos. Há um longo caminho a ser trilhado.

## Das antigas

*Até mesmo os sábios da Antigüidade já eram capazes de reconhecer os riscos da inatividade.*

A constatação de que o sedentarismo é um importante fator de risco para a saúde não é recente. Pensadores da Grécia Antiga já observavam e registravam os efeitos benéficos da atividade física para o corpo.

> *Falando genericamente, todas as partes do corpo que têm uma função, se usadas com moderação e exercitadas no labor ao qual estão acostumadas, tornam-se, em conseqüência, saudáveis, bem desenvolvidas, e envelhecem devagar: mas, se deixadas sem uso e ociosas, elas tornam-se expostas a doenças, defeituosas no crescimento, e envelhecem rapidamente.*
>
> *Hipócrates, 460 a.C. – 377 a.C.*[9]

> *A falta de atividade física destrói a boa condição de qualquer ser humano, enquanto o movimento e o exercício físico metódico o salva e o preserva.*
>
> *Platão (428 a.C.– 348 a.C. )*[10]

Séculos depois de Platão, Thomas Morus, legista e pensador da ética na Inglaterra do século XV, autor da famosa *Utopia*, escreveu também sobre o prazer e o bem-estar do equilíbrio estável e perfeito que se atingia com o bom funcionamento do corpo:

> *Só uma saúde perfeita torna a condição da vida humana tranqüila e apetecível, sem saúde não há voluptuosidade possível; sem ela a própria ausência da dor não é um bem, é a insensibilidade do cadáver.*
>
> *Thomas Morus (1478 – 1535)*[11]

Algumas dezenas de anos depois de Morus, na França, o iluminista Rousseau enfatizou, em *Emílio*, que a aquisição de bons hábitos era mais importante que a de grandes conhecimentos.

*É preciso que um corpo tenha vigor para obedecer à alma.*

*Um corpo débil enfraquece a alma.*

Jean Jacques Rousseau 712 – 1778[12]

Isso é apenas uma pequena amostra dentre as vastas referências à atividade física encontradas nas obras clássicas. O interesse do homem por seu corpo sempre existiu e, hoje, podemos aproveitar os avanços da tecnologia, para conhecer ainda melhor aquilo de que somos feitos.

O que se acrescentou à convicção daqueles tempos foram dados obtidos em estudos e experimentos científicos, cada vez mais criteriosos e minuciosos, contribuindo para que um número maior de pessoas atente para o problema do sedentarismo e se una na busca de soluções. Na atualidade, os argumentos em prol do exercício físico regular são mais detalhados e, por isso, menos contestáveis. Já é possível afirmar, por exemplo, que a inatividade pode ser tão danosa à saúde quanto fumar um maço de cigarros por dia.[13]

Os benefícios do exercício físico regular como método de prevenção e auxílio no tratamento de doentes já foram vastamente documentados. As pesquisas nessa área analisam a prevalência da incidência de doenças entre pessoas com diferentes medidas de gasto metabólico de energia, estimando o efeito da atividade física na saúde e na longevidade, estabelecendo, assim, a relação de causa e efeito. [14]

Nessa linha de pesquisa, estudos realizados na Europa, na década de 1980, constataram a ocorrência da diminuição nos índices de mortalidade entre pessoas sob atividades físicas vigorosas, mesmo quando eram fumantes, obesas, diabéticas ou hipertensas. Um estudo americano de 1988 observou que, entre portadores de doença cardíaca coronariana, o grupo dos que não se exercitavam apresentava mortalidade três vezes maior, enquanto a mortalidade pelo mesmo tipo de doença entre sedentários saudáveis era duas vezes maior em relação a saudáveis ativos. [14]

Dados de outras pesquisas confirmam que a prática regular de exercícios em intensidade moderada é capaz de reverter o risco de morte, tanto entre pessoas saudáveis quanto entre as que já se apresentam vulneráveis a doenças crônicas não transmissíveis. Dados disponíveis indicam que uma atividade física que consome 1.500 kcal de energia por semana reduz o risco de morte em 15%, e que essa vulnerabilidade pode ser alterada por meio de exercícios, independentemente dos outros fatores associados – tabagismo, hipertensão arterial, idade, sobrepeso, consumo de álcool, antecedentes familiares, entre outros.

Está comprovado que, para ser benéfica, a atividade física pode ser leve, moderada ou, em alguns casos, até vigorosa. Exercícios leves, desde que praticados por no mínimo 30 minutos e com regularidade (três vezes por semana, ao menos), já são suficientes para a recuperação e a manutenção da saúde. Segundo um estudo de Harvard, atividades leves reduzem o risco de mortalidade por doença coronariana em 21%, enquanto as vigorosas respondem por uma redução do risco de morte de 37%, em comparação ao risco entre sedentários.[14]

O Dr. Steven Blair, do Cooper Institute for Aerobics Research (EUA) – um dos mais respeitados pesquisadores do mundo nessa área – , observou em 1970, a partir de um teste com esteira ergométrica (ainda hoje usado na avaliação médica), que a baixa aptidão cardiovascular significava um risco para doença cardiovascular até oito vezes maior, em relação às pessoas treinadas. Essa constatação foi confirmada em 1987 pelos Centers for Disease Control and Prevention, também dos EUA, que revisaram 43 estudos, dois terços dos quais apoiavam a descoberta de que pessoas fisicamente ativas apresentavam menos doenças coronarianas do que as inativas.[4]

## Não basta ser magro

*Sedentarismo é ruim mesmo para quem não enfrenta problemas com o peso.*

Tanto se fala em perder peso que pode parecer que exercícios físicos servem apenas para quem precisa emagrecer. Fosse assim, os magros estariam livres de problemas coronarianos e diabetes, o que não é verdade. Uma pessoa de baixo peso pode estar correndo os mesmos riscos de uma pessoa obesa que pratica exercícios.

Não é o peso corporal nem são as medidas das circunferências do corpo que dizem quão saudável uma pessoa é, ou a quantidade de exercícios de que ela precisa. Muitas vezes, o corpo aparentemente magro está com uma porcentagem de gordura alta demais e pouca massa muscular. Apesar de a fita métrica e a balança não acusarem nada fora do adequado, um exame de composição corporal mostraria facilmente o desequilíbrio oculto. As medidas não acusam nível de colesterol no sangue, necessidade de suplementação alimentar, nem resistência cardiorrespiratória. Um corpinho de passarela não é necessariamente saudável. Um pequeno excesso de peso, também, não indica necessariamente risco para a saúde. Em qualquer caso, a atividade física é necessária e benéfica; não importa a condição física, o sexo nem a idade.

## Criança ativa, adulto idem

*Quanto mais cedo se começa a praticar atividade física, maiores as chances de passar longe do sedentarismo ao longo da vida.*

Uma das grandes frustrações dos adultos, que decidem iniciar a prática regular de exercícios físicos, é não conseguir alcançar seus objetivos em pouco tempo. Ora, não há nada mais natural do que ter dificuldade para entrar em forma após um longo período de vida sedentária! Se o indivíduo passou 20 anos parado, comendo mal e fumando, será impossível reverter os efeitos desses maus hábitos em apenas três meses. O corpo se acostuma aos hábitos mantidos por muito tempo e, para trocá-los por outros novinhos em folha, é imprescindível um grande esforço – não tão grande quanto o que é necessário para se livrar de um vício, como o do cigarro, mas o suficiente para desanimar os mais afoitos.

Quem foi sedentário na infância e/ou na adolescência costuma trazer para a maturidade heranças da inatividade. É comum adultos obesos relacionarem sua condição física aos seus modos do passado, pois também dependem deles as características e o funcionamento do corpo ao longo da vida. Os adultos que são ativos no presente, muito provavelmente, foram ativos no passado.

Há ainda poucas pesquisas nesse campo; acredita-se, porém, que as crianças necessitem de mais atividade física do que os adultos para se desenvolver com saúde e com potenciais bem aproveitados. O que se observa, no entanto, é que o estilo de vida de boa parte das crianças do século XXI, que passam em média mais de duas horas diárias sentadas na frente do computador e da televisão, fartam-se de guloseimas e não têm o costume de brincar livremente em espaços abertos, está favorecendo a antecipação de problemas de saúde, que antes eram exclusivos dos adultos. A obesidade infantil tem crescido em uma escala preocupante no Brasil, a exemplo do que ocorre nos Estados Unidos, alavancando o desenvolvimento de outras doenças correlacionadas.

## Jovem até a terceira idade

*Sem atividade física, é difícil envelhecer com saúde.*

Por muito tempo, acreditou-se que a velhice era uma doença inevitável para a maioria das pessoas. Tal crença se baseava na grande incidência de problemas de saúde entre indivíduos da hoje chamada terceira idade. Nos Estados Unidos, cerca de 85% dos idosos têm algum problema de saúde, sendo a artrite o mais comum (48%), seguida da hipertensão arterial (36%), depois doenças cardíacas (32%) e, por fim, diabetes (11%). Entretanto, nos dias atuais, sabe-se que o envelhecimento é influenciado tanto por fatores genéticos quanto pelo estilo de vida, o que já coloca a atividade física como um dos principais hábitos para o prolongamento da juventude. Muitos aspectos da deterioração física e mental, que antes eram atribuídos ao "efeito do tempo", são atualmente relacionados à inatividade. E você, o que acha? O idoso sedentário não pratica exercícios porque já está velho para isto, ou já está velho porque não praticou exercícios antes? Vale a pena investigar.

> *A subutilização do corpo ao longo da vida, o pouco contato com suas sensações, a pouca atenção dada às respostas corporais em face de diferentes situações e a aceitação irrefletida de que movimentar-se além do que o dia-a-dia exige é 'coisa de jovem' levavam os idosos ao desconhecimento de seu corpo e, conseqüentemente, de si mesmos.*[15]

As pessoas idosas se beneficiam muito da atividade física, com grandes possibilidades de melhora na aptidão. O bom funcionamento dos órgãos e dos membros, com boa aptidão cardiorrespiratória e muscular, lhes permite continuar participando – efetivamente – das atividades comuns da vida, mantendo sua independência. Ou seja, com força e pique garantidos pelo exercício, o idoso sentirá maior capacidade de caminhar sem ajuda, de subir e descer escadas, e de carregar suas compras sem dores.

## Cabeça boa

*Fazer corpo mole também faz mal para a sua mente.*

O bom funcionamento do corpo costuma ser o argumento mais utilizado em favor da atividade física regular, mas esse não é o único aspecto favorecido com o exercício, nem o único prejudicado pela inatividade. Diversos estudos e relatos indicam que a atividade física tem efeitos observáveis sobre o estado psicológico dos indivíduos.

Uma pesquisa realizada no Canadá, em 1988, consultou pessoas fisicamente ativas e registrou que elas sofriam menos de depressão e desfrutavam de níveis mais elevados de bem-estar do que as pessoas inativas. A sensação de melhora na atividade mental e no alívio do estresse foi destacada, também, por pessoas que haviam começado a se exercitar para melhorar a aptidão física, de acordo com outras pesquisas norte-americanas.[4]

Relatos informais de atletas amadores e praticantes de atividades físicas diversas, também, revelam mudanças no humor e nas relações interpessoais, após o início de uma prática regular. Há diversos fatores que influenciam essa melhora geral, alguns, biológicos e comprovados cientificamente; outros subjetivos e variáveis.

Uma explicação biológica para a sensação de euforia dos praticantes é a produção de endorfina pela glândula pituitária. Entre outras adaptações momentâneas, o exercício vigoroso provoca a fabricação dessa espécie de analgésico natural, que regula a emoção e a percepção de dor.[16]

> *O sedentarismo leva as pessoas aos consultórios médicos, em busca de tratamento químico para remediar e curar, através de uma química artificial, aquilo que poderia ser produzido de forma saudável, pela química da vida, ou seja, uma fabricação de hormônios saudáveis, específicos, que trazem alegria,*

> *entusiasmo, otimismo, bom humor e até felicidade. Todo nosso organismo é químico, mas é necessário ativá-lo.*[17]

O exercício não produz apenas prazer momentâneo. A prática habitual implica a convivência com outros praticantes, possibilitando amizades; proporciona desafios, que são chances de realização pessoal; oferece possibilidades de aprimorar o autoconhecimento, contribuindo com a auto-estima; e possibilita diversos tipos de aprendizado, o que, de um modo global, favorece a participação do indivíduo em todas as outras atividades sociais.

> *Pensar em cuidar do corpo, fazer caminhadas, fazer ginástica, jogar bola, enfim, praticar atividade física, não significa pensar somente em maior aptidão física ou em melhores desempenhos físicos e motores, ou em beleza física e força, como se o corpo fosse algo dado, um instrumento, mas vai além disso. É uma preocupação que faz parte de nós, como estrutura existencial. Cuidar do corpo é um constituinte da preocupação com Ser, fazendo parte de um modo próprio de nos envolver com ele.*[15]

## Ativos x sedentários

*Porque você também vai querer fazer parte do primeiro time...*

Qual é a diferença entre os dois? O sofá. O que separa um sedentário de uma pessoa ativa é o estado do sofá de casa. Sofá de sedentário, é claro, tem tentáculos pegajosos e fortes no lugar de braços e mantém sua vítima presa e imóvel por horas a fio, não a deixando sair. Será tão difícil assim se soltar? Para abandonar a categoria dos sedentários e dar um passo à frente dos cerca de 123 milhões de brasileiros que ainda não saltaram da poltrona, é necessário desenvolver um certo formigamento metafórico no corpo e no cérebro, que os impulsione para longe do encosto.

Para que a intenção de se tornar uma pessoa ativa vingue, é importante que, primeiro, haja vontade de fazer. Vontade de fazer coisas que dependam do movimento de ir de um lugar a outro, de carregar peso, subir escada, correr. Quando você tem essa vontade sempre, dá até uma certa aflição de ficar parado. Há pessoas que resmungam de tédio ou caem de sono se ficarem muito tempo no mesmo lugar. Que tal inspirar-se nelas?

A grande diferença entre o sedentário e a pessoa ativa não é visível a olho nu, pois está sob a pele. O movimento sistematizado do corpo provoca nele alterações momentâneas que, se repetidas, podem evoluir para transformações. As mais facilmente percebidas são as elevações das freqüências cardíaca e respiratória, que ocorrem no momento do esforço e regridem com o relaxamento. Além desses processos, há uma multiplicidade de outros que são desencadeados em virtude da demanda provocada pelo esforço físico, afetando a circulação do sangue, a alimentação dos músculos, a lubrificação das articulações e muitas outras funções orgânicas e mecânicas. Quando a prática de exercícios é regular (mais de três vezes por semana), as funções orgânicas tornam-se diferentes também no repouso.

O corpo da pessoa ativa funciona de modo diferente em relação ao corpo inativo. É certamente um corpo mais eficiente. No coração, por exemplo, o exercício do tipo cardiovascular provoca aumento do tamanho e da força do músculo cardíaco. Isso significa que, em uma pessoa treinada, o coração bate menos vezes e com mais eficácia, tanto no esforço quanto no repouso, bombeando um maior volume de sangue por vez. É como um trabalhador que recebe desafios diários. Tendo mais oportunidades para "mostrar serviço", ele irá se tornar um profissional mais apto do que um outro que passe a maior parte de seu tempo ocioso e cheio de ajudantes. O corpo treinado está sempre mais preparado para demandas e desafios. E, como quem trabalha mais merece mais benefícios, os músculos da pessoa treinada ganham mais capilares sangüíneos . Já reparou na quantidade de vasos visíveis nos braços dos atletas? Mais combustível, mais mitocôndrias e enzimas.

É claro que há treinados e treinados. O nível de preparo físico, bem como os ganhos que virão com a prática, dependem da quantidade e da intensidade do exercício, dos limites genéticos e da condição inicial do praticante. Menos de 30 minutos, três vezes por semana, ainda é considerado insatisfatório. Muito mais do que isso pode vir a se caracterizar como um treino de atleta.

A prática regular de exercícios físicos traz ao praticante uma série de benefícios para a saúde e o bem-estar, que já foram documentados em inúmeros estudos.

# 2

# Cuide bem da sua alimentação

*A comida é combustível do seu corpo. Abastecer-se com o que há de melhor está apenas em suas mãos.*

Comer bem significa um conjunto de escolhas de grande abrangência e efeitos decisivos. Uma boa alimentação se baseia não apenas no que está dentro do prato, mas depende de uma série de processos anteriores ao momento da refeição. Comer bem requer conhecimento da natureza, da ciência e dos sistemas de produção e distribuição de alimentos. Se é difícil? Difícil é viver sem conhecer do que é feita a vida. Fácil é se aventurar a seguir as receitas alheias, as dietas mal formuladas, sem reconhecer sua individualidade biológica, psicológica e emocional.

A importância da boa alimentação, às vezes, se aprende na escola, ainda na infância, e costumava-se, também, aprender dentro de casa, num tempo em que as crianças não almoçavam no *shopping*. Era papel da mãe insistir para que o filho esvaziasse a tigela de sopa de legumes. Era a mãe que defendia os poderes da vitamina da beterraba.

Mas agora quem ensina a gente a comer é a indústria de alimentos. É ela que diz que panelas são desnecessárias, porque existe uma linha completa de refeições prontas congeladas e, ao mesmo tempo, lembra que cereais integrais, ingeridos pela manhã, fazem bem para o intestino. É a indústria que chama a atenção do consumidor para os produtos *light*, que acabam sendo entendidos como saudáveis, ainda que nem sempre o sejam.

Para quem segue somente os ditames de quem quer vender, cometer erros é muito fácil. Render-se a certas delícias pode ser uma atitude muito cara, e recuperar-se dela, bastante penoso. O desafio da nutrição é convencer as pessoas a assumir a responsabilidade sobre seus hábitos alimentares e ensinar a elas os critérios de escolha dos alimentos.

Comer bem, em primeiro lugar, não é fazer dieta. Esse é um dos erros mais comuns no meio de quem pretende "entrar em forma", principalmente, porque o senso comum entende dieta como a simples diminuição da quantidade de comida que se consome ao longo de um dia, ou de uma semana, ou por um período de tempo determinado, e normalmente curto, de poucos meses. E quem foi que disse que diminuir a quantidade é o que se deve fazer? Diminuir a quantidade de quê?

A prevenção de doenças começa pela nutrição. Uma boa alimentação é uma alimentação saudável, ou seja, composta por alimentos que cumpram os compromissos que você tem com sua saúde. Comer bem é, portanto, dar ao corpo aquilo de que ele precisa. Pare para pensar: você precisa de tudo o que você anda comendo? E tem comido tudo de que precisa?

A primeira pergunta é bem mais fácil de responder do que a segunda. Um redondo "não" deve ser a resposta unânime de qualquer mortal deste mundo, já que pelo menos uma guloseima ou outra todo mundo come de vez em quando – e guloseimas, por definição, são acréscimos dispensáveis na alimentação, apesar de proporcionarem um prazer inigualável.

A princípio, reeducar a alimentação pode parecer um sacrifício muito chato, se você achar que se alimentar bem significa abdicar de todos os seus gostos e empurrar goela abaixo comidas insossas. Mas se você se der a chance de entender os benefícios e os prazeres que seu corpo e sua mente podem ganhar com alimentos saudáveis (e não menos saborosos do que as guloseimas), certamente, encontrará maior satisfação em mudar.

Se você já tem uma alimentação balanceada, parabéns. Pode aproveitar as informações deste livro para convencer as pessoas de quem você gosta a fazer o mesmo. E não existe distinção entre quem precisa e quem não precisa de parâmetros alimentares. As pessoas aparentemente saudáveis – e há quem pense, errônea e preconceituosamente, que são as magras –, também, precisam priorizar os alimentos saudáveis. Ou você acha que faz algum sentido esperar os problemas estéticos e de saúde aparecerem para começar a dar atenção à alimentação?

Nas próximas páginas, você ficará conhecendo os principais nutrientes que compõem a sua alimentação. E os piores vilões do supermercado.

## Proteínas

*Digam-me com quem andam...*

Há diversos tipos de proteína. Elas têm um importante papel na composição estrutural das células, isto é, funcionam como tijolinhos do nosso corpo. E ainda assumem a forma de enzimas, hormônios e anticorpos, entre outras funções. Para completar, podem contribuir para a síntese energética, mas isso só em condições especiais, como o esforço prolongado ou o jejum. Recomenda-se que pelo menos 12% a 15% das calorias que se ingere em um dia devem ser provenientes de proteínas.[18]

As proteínas animais são muito importantes para o funcionamento do organismo, mais até do que as proteínas vegetais. O problema é que onde há proteína animal, há gordura saturada. Por isso, a carne vermelha anda tão visada pelos vigilantes do peso e dos problemas coronarianos: é boa fonte de proteínas e ferro, mas muito rica em gorduras nocivas, entre elas o *colesterol*. Podemos selecionar as carnes com base não apenas na procedência e na data de validade, mas também na quantidade de gordura que contêm.

A carne mais gordurosa da nossa alimentação costumava ser a de porco, mas já existem produtores que conseguem reduzir o teor de gordura da carne de porco por meio de tecnologia genética. As carnes brancas contêm bem menos gordura que as vermelhas. Entre as carnes brancas, os peixes são ainda mais saudáveis que as aves por causa do Ômega-3, um tipo benéfico de gordura animal. Mas priorizar as carnes brancas não basta. Ainda que sejam menos gordurosas, elas ainda contêm gordura, especialmente na pele e no coração. Aliás, pele e coração de frango são duas das maiores reservas de colesterol encontradas na alimentação: um perigo.

A forma de preparo das carnes, também, deve ser levada em conta. Escolher carnes brancas e comê-las sempre fritas não ajuda muito, pois a gordura animal cortada está sendo substituída pelo óleo vegetal. O melhor é consumir as carnes cozidas em água, assadas ou grelhadas, aproveitando ao máximo as proteínas e se livrando do máximo de gordura.[18]

## Carboidratos

*Fique com as fontes de energia mais saudáveis.*

Cada vez que uma molécula de carboidratos é quebrada pelo organismo, uma grande quantidade de energia é liberada. Eles são a nossa principal fonte energética. Por isso, devemos consumir de 50% a 65% de calorias provenientes de alimentos ricos em carboidratos todo santo dia. Mas é bom lembrar que há dois tipos deles: a) os simples, na forma de açúcares, considerados perigosos (descubra o porquê mais adiante nesse capítulo); b) os carboidratos complexos, presentes em pães, grãos, raízes e massas; esses são muito bem-vindos, desde que bem acompanhados. Como, em geral, costumamos ingerir esses alimentos associados a gorduras – pão com manteiga, macarrão com molho e queijo ralado, sanduíche de presunto, arroz com churrasco e maionese, batata frita ou cozida com carne e creme de leite –, o cuidado maior deve estar, justamente, na escolha dos acompanhamentos.

## Gorduras

### Inimigo oculto

Elas compõem a membrana celular, transportam vitaminas lipossolúveis, participam da síntese de hormônios; quando armazenadas, são utilizadas como um estoque de energia – a quebra de uma molécula de gordura libera mais que o dobro de energia que a quebra de uma molécula de carboidrato.[18]

A questão é que existem as gorduras boas (monoinsaturada e poliinsaturada) e as gorduras ruins (gordura saturada e gordura hidrogenada). Com o aumento das doenças crônico-degenerativas, os alimentos ricos em gorduras se tornaram os maiores vilões da briga em favor da saúde. Direta ou indiretamente, o excesso de alimentos gordurosos causa diversos problemas, entre eles, obesidade, diabetes e aterosclerose; além, é claro, do acúmulo de gordura na região da cintura, o que pode ser um agravante dos problemas cardiovasculares. A dificuldade em evitar a ingestão de gorduras é que elas estão presentes, abundantemente, em boa parte das comidas mais saborosas, das industrializadas e dos lanches rápidos que aprendemos a copiar dos americanos — por que não fazer lanche rápido de baixa caloria? E a gordura está presente em bem mais alimentos do que se quer acreditar. Daí a necessidade de restrição do consumo de toda gordura visível; pois a gordura oculta já é mais do que suficiente.

O consumo saudável de gorduras limita-se a, no máximo, 30% do total energético da dieta, desde que o objetivo seja evitar doenças cardiovasculares. A proporção deve cair para 20% a 25%, para quem já corre o risco de contrair esse tipo de doença (no caso, por exemplo, de herança genética) e para 10% a 15%, se a intenção for comer com mais liberdade sem engordar. Acima de 30% começa o perigo que tende a crescer na medida desse consumo.[19] As altas taxas de gordura na dieta têm uma correlação diretamente proporcional ao aumento da incidência de câncer e doenças cardíacas.

A restrição de gorduras na dieta saudável é mais eficiente quando se restringem, com maior rigor, as gorduras mais perigosas. As *gorduras saturadas*, responsáveis pelo entupimento das artérias (que cria o risco de enfarto), não devem ultrapassar 10% do total de calorias da alimentação. Isso significa ficar longe de carnes vermelhas gordas, frituras e queijos amarelos e moderar o consumo de carnes magras, leite integral e outros laticínios.[19]

## Vitaminas, minerais e fibras

### A receita do equilíbrio

As fontes de energia não são tudo, nem o principal, de que o organismo precisa na alimentação. O equilíbrio de seu funcionamento é dinâmico, depende de uma complexa combinação de nutrientes e processos, alterando-se, facilmente, na falta ou na presença de um ou outro componente. Estabelecer e restabelecer esse equilíbrio é papel das vitaminas e minerais (micronutrientes reguladores), que são os nutrientes mais escassos na alimentação da maioria das pessoas.

A presença de minerais e vitaminas no organismo precisa ser harmônica, pois a absorção de um interfere no aproveitamento de outro, o que envolve diversos benefícios e perigos. O cálcio, por exemplo, que está presente nos ossos e dentes – e é o mineral mais abundante no corpo – , só é absorvido na presença da vitamina D, ao mesmo tempo em que auxilia na absorção de zinco, fósforo, magnésio e ferro. Na ausência da vitamina D, o cálcio é jogado fora, o que pode facilitar a ocorrência ou o avanço da osteosporose.

Deficiências vitamínicas e de minerais causam uma série de desequilíbrios e problemas de saúde, o que torna necessária a prescrição de dietas específicas, com base em fontes de nutrientes naturais ou sintéticos. Hipócrates, o pai da medicina, já observava que a dieta com ingestão de fígado ajudava na cura da cegueira noturna (causada pela deficiência de vitamina A).

A ação dos micronutrientes reguladores no organismo é tão complexa que seria muito improvável que todas as pessoas mudassem seus hábitos alimentares, a partir do conhecimento de como ela se dá. A solução mais sábia para a maioria das pessoas – leia-se aquelas que não são atletas de alta performance e não necessitam de uma dieta específica por qualquer outro motivo – é compor sua alimentação diária com uma grande variedade de alimentos, de todos os tipos, garantindo assim o acesso aos nutrientes em suas diversas formas.

Uma alimentação pobre em vegetais é deficiente não apenas em vitaminas e minerais, mas também em fibras. Especialistas dizem que a necessidade diária de fibras para um adulto é de no mínimo 20 a 35 gramas, o que é difícil de conseguir com uma alimentação baseada em alimentos refinados (arroz branco, massas brancas, pão branco, farinha branca). Essa quantidade corresponde a, por exemplo, 300 a 350 gramas de aveia.[15] As fibras estão presentes nos grãos e farinhas integrais, nas ervilhas e feijões, em frutas (maçã, morango, pêra, frutas cítricas), na casca de vegetais (cenoura, pepino, pimentas) e algumas folhas, como a da beterraba e da mostarda, entre outros alimentos naturais.

Não bastassem os maus ou péssimos hábitos de alimentação de boa parte dos brasileiros – desconsiderando-se os motivos, como pobreza e miséria, que impedem a liberdade de escolha e constituem um problema social, que não dá para discutir aqui –, a saúde ainda tem de superar a deficiência nutricional desses alimentos naturais.

O teor de vitaminas e de minerais dos alimentos depende da terra em que são cultivados, ou, no caso de carnes, ovos e laticínios, de onde os animais retiraram seus alimentos. O fato é que, de uma parte a outra do planeta, varia muito a qualidade do solo, o clima, a umidade, as técnicas de irrigação e, também, o teor de poluentes. Uma cenoura colhida no Japão pode conter uma quantidade de fibras e de vitamina C bem diferente da cenoura da Bahia, assim como uma cenoura colhida na Bahia, em dezembro, será diferente da que se obtém no inverno.

Numerosos elos entre os tipos de solo e doenças têm sido estabelecidos. Além dos recursos naturais, a ação do homem na natureza também interfere na qualidade dos alimentos. Os nutrientes interagem com poluentes presentes na água, no ar e no solo, muitas vezes, alterando sua concentração nos vegetais. Além dos fertilizantes, herbicidas e pesticidas, usados para melhorar a aparência dos alimentos, que acabam sendo um problema a mais na alimentação, sem falar nas conseqüências das experiências com bombas nucleares que foram feitas no Hemisfério Sul.

Uma vez colhidos, os vegetais perdem nutrientes por vários motivos antes de chegarem à boca. Os processos de lavagem, transporte, estocamento, preparo, congelamento, armazenamento têm, cada um, sua contribuição na perda de vitaminas, o que acaba por empobrecer nossa alimentação muito além do esperado.

Pesquisas têm demonstrado que os vegetais perdem de 90% a 95% das vitaminas solúveis em água nesse processo. As vitaminas C, E e do complexo B são fotossensíveis e termo-sensíveis, ou seja, são roubadas dos alimentos em processos de cozimento, congelamento e industrialização. Testes mostraram que a moagem e a refinação de grãos, para a fabricação de farinha branca, comprometem a maioria dos minerais e vitaminas, principalmente as do complexo B, em relação ao grão integral. Será que as tabelas de composição nutricional dos rótulos consideram essas perdas?

Essa questão nos conduz ainda a uma outra discussão: a necessidade de preservação do solo e das águas. Mas isto é assunto de muitos outros trabalhos.

### Orientações básicas de como escolher e preparar os alimentos de forma a minimizar a perda de nutrientes

- evite produtos murchos;
- evite ralar, cortar, fatiar, lavar ou deixar de molho excessivamente;
- evite o excesso de água no cozimento;
- evite o uso excessivo de calor no cozimento; a fervura prolongada, ou outros cozimentos longos, ou a exposição dos alimentos ao fogo ou à fumaça, como em uma grelha ou churrasqueira, podem

danificar os antioxidantes; o uso da grelha, quando queima demais a carne, ou gruda a fuligem do carvão, aumenta as substâncias pré-oxidantes e também as nitrosaminas, que são substâncias cancerígenas;

- a água do cozimento deve ser feita de forma a ser utilizada, pois contém uma quantidade razoável de vitaminas que foram retiradas durante a fervura;
- a água proveniente do descongelamento dos alimentos, assim armazenados, também traz nutrientes junto; quando possível, utilize-a, pois o aproveitamento é maior;
- após serem preparados, os alimentos devem ser consumidos o mais brevemente possível, e, no máximo, em 24 horas. O alho cozido ou assado deve ser consumido em 30 minutos;
- acondicione os alimentos cozidos em recipientes a vácuo;
- procure não reaquecer os vegetais que já foram preparados;
- evite manter os alimentos aquecidos por mais de 30 minutos antes de comer;
- não compre produtos pré-cortados;
- não conserve produtos frescos em sua geladeira por mais de alguns dias, e jamais além de uma semana. Se você acha que não irá consumir os produtos frescos em alguns dias após a compra, a melhor opção é comprar frutas e vegetais congelados.

# Água

## Sem ela, vai tudo ralo abaixo

*Beba água.*

O corpo humano precisa de bastante água para funcionar plenamente, e é uma pena que a imensa maioria das pessoas não tenha crescido com o hábito de bebericar água o tempo todo, pois esse é um dos hábitos mais saudáveis que se pode ter.

A água tem diversas funções no corpo. A principal delas é a constituição da maior parte das estruturas do nosso corpo. Ela corresponde a nada menos do que 45% do peso, no mínimo. A proporção pode chegar a 75%, dependendo da composição corporal da pessoa. A gordura detém 10% de água e os músculos detêm 75% da água disponível. Praticantes de atividade física precisam mais ainda de água, pois perdem grandes volumes com o suor e utilizam muito líqüido no metabolismo, que é mais intenso do que nas pessoas inativas.[20]

A falta de água no organismo causa uma série de problemas, que dificilmente as pessoas associam à desidratação. Com pouca água, o sangue fica menos volumoso e mais denso, diminuindo sua distribuição para a pele. Sem reservas do líquido, o corpo economiza suor, tendo mais dificuldade para evitar o aumento da temperatura (em dias quentes ou durante atividades físicas). A escassez interna de água é suficiente para reduzir a quantidade dos líquidos intra e extracelulares e o desempenho muscular fica bastante prejudicado. Outra conseqüência possível da baixa ingestão de água é a formação de cálculos renais, que são acúmulos de sais (bastante dolorosos) nos rins, em razão da filtragem do sangue concentrado.

Abundância de água circulante, além de melhorar o funcionamento dos órgãos, melhora o aspecto da pele, contribuindo para ganhos estéticos.

O mínimo que uma pessoa deve beber são seis copos por dia. Mas esse é o mínimo mesmo! Vários fatores aumentam essa necessidade: calor, atividade física, peso corporal e estatura, consumo de café, sal e bebidas à base de cola, consumo de álcool etc. Ou seja, em um país quente como o Brasil, com um cotidiano agitado como nós temos, muitas vezes vestindo terno e gravata debaixo do sol, senão sob o ar condicionado (que retira umidade do ar), precisamos beber água o dia inteiro! E não basta matar a sede. Em geral, o corpo precisa de muito mais água do que avisa que precisa. O ideal é ter sempre à mão uma garrafinha, ou um copo que seja abastecido várias vezes ao dia, e não sair para lugar algum sem levar sua água.

Para saber se você está se hidratando o suficiente, observe sua urina. Ela deve ser clara e transparente, e com pouco odor. A concentração da urina, que é o líquido filtrado do sangue e carrega para fora as toxinas que não devem ficar no corpo, indica a saúde do seu sangue. Quanto mais filtrado, melhor.

E tem de ser água. Não adianta beber refrigerante à base de cola no lugar da água, pois esse tipo de bebida, como dito, tem o efeito contrário: desidrata. Para hidratar, pode ser também suco de frutas diluído, que também ajuda no equilíbrio eletrolítico, fornecendo sais minerais, que é exatamente o que as bebidas isotônicas fazem com mais rapidez. Aliás, o consumo de bebidas isotônicas é recomendado para atletas, que perdem muito rapidamente água e sais minerais, mas deve ser moderado para pessoas que, mesmo sendo ativas, não têm um gasto tão intenso de nutrientes.

### Recomendações para a dieta do brasileiro, baseada na mediterrânea

- dobrar o consumo de frutos do mar;
- aumentar em 66% o consumo de vegetais e em 10% o consumo de frutas;
- comer 20% mais grãos integrais e feijão;
- comer 45% menos carne vermelha;
- comer 16% menos ovos;
- consumir quatro vezes mais azeite de oliva;
- consumir metade dos outros óleos vegetais;
- consumir 50% menos leite integral, creme e nata.

# Vilões do dia-a-dia

*Café e açúcar: os motivos para reduzi-los em seu cardápio desde já.*

## Açúcar: uma delícia de problemas

Adorado e abusado, o açúcar branco é desnecessário ao organismo e causa problemas de saúde. A refinação do açúcar retira desse alimento uma considerável parte de todos os tipos de minerais necessários para o organismo e aumenta a dosagem de substâncias tóxicas. Os efeitos do consumo excessivo de açúcar refinado foram fartamente relatados no livro *Sugar Blues*, de William Dufty (1975),[21] jornalista norte-americano que, baseado em sua própria experiência de viciado em açúcar, expôs os perigos de uma alimentação guiada por desejos de prazer momentâneo.

A justificativa para o sucesso do açúcar é sua ação sobre os hormônios do cérebro. Sendo o carboidrato complexo um precursor da liberação da serotonina, alimentos integrais, ricos nesse tipo de nutriente, induzem ao relaxamento e ao sono. Quando se come doce, essa liberação é mais rápida, provocando uma sensação ainda melhor, desta vez de prazer. É bastante comum, especialmente entre as mulheres, a ingestão desenfreada de doces para compensar um quadro de carência afetiva ou depressão. O vício pode acontecer em razão do aumento repetido da secreção de serotonina provocado pela ingestão freqüente e abundante de açúcar.[17] O organismo se protege da alta desse hormônio, diminuindo a secreção de serotonina, com a ingestão de menor quantidade de açúcar. Porém se a pessoa sente a diferença da diminuição de liberação de serotonina, pode passar a comer ainda mais doce, para ter a mesma sensação de prazer, num círculo vicioso.

Os doces são, também a alegria, das crianças, sendo as balas e confeitos quase sinônimos de desejo infantil. Hoje em dia, as crianças e os adolescentes, bem mais independentes dos pais do que as gerações passadas, têm acesso direto aos doces vendidos na cantina da escola e nas barraquinhas de rua, estando também mais próximas dos riscos de contrair obesidade e diabetes precocemente. É bom lembrar que as preferências das pessoas em relação ao paladar são definidas na infância. É dos alimentos que provaram e apreciaram quando crianças que os adultos mais gostam. É a infância, portanto, a fase mais preciosa para experimentar de tudo e ampliar o rol de alimentos apreciados. Se a criança adquire o hábito desde cedo de ingerir pouco açúcar e bastante verdura, a probabilidade de mantê-lo na vida adulta é bem maior. Porém, se ela conhecer e gostar de poucas coisas além de macarronada, batata frita e sobremesas calóricas, provavelmente, é só o que ela vai querer comer durante a fase adulta.

O problema não é pequeno e você deve estar atento ao que oferece às suas crianças. Vale a pena pensar sempre no futuro antes de permitir que elas tenham tudo o que pedem. Tem certeza de que refrigerante é uma boa opção à hora das refeições? Dê uma conferida na quantidade de açúcar contida nos refrigerantes e responda a si mesmo. Será que já está na hora de comer hambúrguer de novo? O doce que você deu há duas horas não teria sido o suficiente para hoje? Crianças adoram aprender, são curiosas. Se elas tiverem a chance de entender tudo isso, terão mais condições de pensar por si mesmas e de fazer as melhores escolhas, assim como você.

## Café: mania nacional, efeitos amargos

O cafezinho brasileiro contém mais de cem substâncias em sua composição, entre elas a cafeína, que é um estimulante cerebral. Embora a cafeína tenha efeitos benéficos (melhora da performance de atletas e da qualidade do raciocínio e aprendizado, por exemplo), o consumo excessivo de café pode trazer problemas, como irritação do estômago (gastrite e úlcera), aumento do colesterol ruim e da pressão sangüínea, além de favorecer o aparecimento de câncer na bexiga e no pâncreas. Estudos indicam que mais de 16 xícaras das de chá ao dia podem causar efeitos adversos em pessoas suscetíveis a doenças cardiovasculares; foram encontrados níveis mais elevados de colesterol em pessoas que tomavam essa dosagem de café. Mais de cinco xícaras ao dia já podem aumentar a pressão em cinco pontos ou mais. Como o café reduz a absorção de cálcio, recomenda-se o consumo (misturado ou não) com leite.

### Teores de cafeína nas bebidas

- Guaraná tem bem mais cafeína que café.
- Café expresso tem mais cafeína que café filtrado.
- Café instantâneo tem bem menos.

- Chá preto, menos ainda.
- Coca-cola tem bem mais que Pepsi.
- Cacau tem pouco, mas tem outro estimulante chamado teobromina.

## Dietas da moda

### Por que elas não funcionam (e são perigosas)

Se o intuito é emagrecer, acredite, é preciso comer. O jejum é uma das piores estratégias para a perda de peso, e as dietas exageradamente restritivas são igualmente perigosas. Entre outros problemas para a saúde, ambos jejum e dietas hipocalóricas – causam perda de água e de massa magra (músculos) e diminuem o metabolismo basal (queima de calorias). Ou seja, a longo prazo, em vez de emagrecer, engordam mais. Além desses fatores, há uma íntima relação da falta de comida com o efeito sanfona, doenças cardiovasculares e morte. Calcula-se que uma oscilação de apenas 10% no peso corporal incremente o risco de doenças cardiovasculares. O problema se agrava quando quem faz esse tipo de dieta não pratica atividade física. O exercício tem como conseqüência o aumento do metabolismo basal, o que reduziria a necessidade de ingerir menos calorias e a chance de entrar no efeito sanfona.

O melhor de tudo é que *comer também aumenta a taxa metabólica*. Comer induz a termogênese: elevação da temperatura corporal que aumenta o metabolismo, consumindo mais gordura corporal e favorecendo o emagrecimento, contribuindo com 5% a 10% do gasto energético total. Mas não vale comer qualquer coisa. As fontes de proteína são as que mais elevam a taxa metabólica, e as gorduras são as que aumentam menos. Daí ser necessário reduzir ao máximo a ingestão de gordura nas dietas de perda de peso.

Em vez de achar que uma refeição "bem servida" vai acelerar o metabolismo, prefira distribuir sua fome em seis refeições mais leves ao dia. Assim o metabolismo ganha ritmo e fica "treinado".

## Lista de compras

*Selecionar bem os alimentos que você leva para casa é o primeiro passo para uma alimentação saudável.*

O primeiro passo para controlar o que fará parte da sua alimentação saudável é ler atentamente os rótulos dos alimentos manipulados e industrializados. Por lei, eles devem informar composição nutricional, teor calórico, data de validade, ingredientes e peso líquido. Essas informações não estão lá à toa. Elas estão dizendo: *é disso que este produto é feito; tem certeza de que é disso que você precisa?* Os rótulos dos alimentos industrializados, controlados pelo Ministério da Agricultura, em geral, são honestos, ou pelo menos procuram ser. As propagandas, nem sempre. Então, se a propaganda diz *light* e a tabela de composição nutricional revela uma quantidade ainda grande de carboidratos ou gorduras, é bom não acreditar que o produto é de baixa caloria. Pois nem é isto que a palavra *light* (leve, em inglês) significa. Pode receber esse título qualquer versão de produto que tiver diminuída a quantidade de qualquer um de seus ingredientes, em relação a uma versão anterior. Um molho inglês pode ser *light* se tiver menos sal do que o original, assim como uma sobremesa láctea pode ter uma versão com menos açúcar e mais gordura, e mesmo assim ser chamada de *light*.

### LIGHT E DIET SÃO COISAS DIFERENTES!

- LIGHT = com algum ingrediente em menor quantidade,reduzido. Pode referir-se à quantidade de calorias, gorduras, açúcar, sódio etc.

- DIET = dietético, sem açúcar, feito para diabéticos. Para substituir o açúcar, podem ter ainda mais gordura que um produto tradicional. Caso dos chocolates, por exemplo.

E não é só de calorias que vivem os rótulos. Eles informam também a presença de nutrientes não-energéticos, como vitaminas e minerais, e a inclusão de aditivos químicos. Tudo isso deve ser avaliado na hora da compra, pois cada ingrediente terá sua atuação (boa ou não) no organismo. Vale a pena prestar atenção, inclusive, ao que está nas entrelinhas do rótulo. No caso dos sucos e iogurtes de frutas, por exemplo, quanto corante você acha que foi necessário para dar ao produto a cor da fruta, se a fruta que ele contém não foi suficiente para tanto? Ou, quanta fruta ele contém? O rótulo não diz, pois nesse caso o fabricante se protege da concorrência, atrás do direito de manter o segredo da sua fórmula.

Nessa onda dos alimentos saudáveis, quem estiver desatento pode cair em outras armadilhas. Os dizeres "sem colesterol" em destaque na embalagem de aveia em flocos ou margarina, por exemplo, não passam de uma obviedade sem importância, já que colesterol é um tipo de gordura que só existe em tecidos animais. Portanto, qualquer alimento de origem vegetal é naturalmente desprovido de colesterol.

Assim, de olho no que estão tentando lhe vender, você já faz uma bela seleção do que merece ou não ser levado para casa. Lembre-se de que a saúde é sua e é você (e não quem quer o seu dinheiro) quem deve se responsabilizar por ela. Como diz o médico americano Brian J. Sharkey, mudanças no comportamento alimentar são técnicas de sobrevivência para os modernos guerreiros urbanos.[5]

Quer dizer que é preciso cortar, para sempre, todo tipo de guloseima? As recomendações médicas de restrição ao consumo de certos produtos enfrentam resistência dos pacientes por um motivo que não é segredo para ninguém: consumi-los proporciona prazer. A sabedoria, nesses casos, reside na moderação. Se soubermos dosar adequadamente todos os nutrientes necessários, com alguns pequenos acréscimos – dispensáveis ao organismo, mas prazerosos — e, portanto, relevantes para o bem-estar, conseguiremos manter uma alimentação saudável. A total privação de prazeres gastronômicos pode não ser o seu prato predileto, mas vale a pena resistir a algumas tentações, mesmo que elas insistam em acenar para você.

## Aditivos químicos dos alimentos industrializados

Entenda para que servem essas substâncias e que tipo de efeito podem ter no seu organismo

*Estabilizantes* – Permitem a mistura homogênea de ingredientes como óleo e água, por exemplo. São utilizados, também, para que certas substâncias não se misturem. Em excesso, aumentam cálculos renais e distúrbios gastrintestinais.

*Acidulantes* – Realçam o sabor ácido de alguns alimentos e atuam, além disso, como conservantes. Também dão consistência. Não há registros de efeitos colaterais.

*Espessantes* – Aumentam a viscosidade dos alimentos. Geralmente têm origem em gomas naturais, extraídas de plantas, algas e sementes, o que não faz deles produtos inofensivos. São laxantes e podem provocar irritação da mucosa intestinal.

*Antiespumantes e espumantes* – Alteram a tensão superficial dos alimentos líquidos. São usados em cervejas e molhos de tomate. Não apresentam efeitos colaterais.

*Antioxidantes* – Evitam que o alimento fique rançoso quando em contato com o ar. Em doses elevadas, os antioxidantes BHA e BHT causaram tumores em ratos.

*Antiumectantes* – Mantêm secos alimentos como sal, refrescos em pó, temperos e queijos fundidos. Não foi identificado nenhum efeito colateral.

*Aromatizantes* – Como o nome diz, dão aroma e sabor. Existem aromatizantes naturais, artificiais, quimicamente definidos e o extrato vegetal aromático. Nenhum apresentou efeitos colaterais em testes com ratos.

*Edulcorantes* – Também conhecidos como adoçantes, substituem o açúcar em bebidas e alimentos dietéticos. Algumas pessoas são sensíveis à fenilalanina e não devem consumir aspartame, com o risco de sofrer retardamento mental. O perigo de desenvolver câncer atribuído à sacarina e ao ciclamato, na década de 1970, só existe associado a doses extremamente elevadas desses produtos.

*Conservantes* – Garantem a durabilidade do alimento, evitando a proliferação de microorganismos. No caso dos antibióticos, quando em excesso, podem ocorrer reações de hipersensibilidade. Os nitritos e nitratos dão origem a substâncias cancerígenas.

*Corantes* – Tanto os naturais quanto os artificiais podem provocar reações alérgicas.

*Umectantes* – Mantêm úmidos alimentos como frios e embutidos, recheios e coberturas de confeitos, alimentos dietéticos e chocolates. Em excesso, provocam distúrbios gastrintestinais.

# 3
# DURMA BEM

*O descanso merecido de todo guerreiro.*

Todas as funções do cérebro e do organismo são influenciadas pelo sono; não dormir traz sérias conseqüências para ambos. Os estudos sobre a função do sono e seus efeitos ainda têm incógnitas, mas já se sabe que ele não é exatamente uma fase de repouso.

Às vezes, alguém diz ironicamente que dormir é perda de tempo, que a vida é curta e deve ser aproveitada por mais do que dois terços do nosso dia, que não é necessário dormir muito. Esse muito varia de pessoa para pessoa. O que não se deve fazer é dormir menos do que o suficiente. Ao menos não com freqüência.

Ainda que você abuse de cafeína no dia seguinte, disfarce as olheiras com corretivo e acredite que agüenta bem até o próximo cochilo, dormir pouco ou mal causa danos ao seu bem-estar. Mesmo que a princípio você não perceba.

Os efeitos da falta de sono sobre a saúde não são todos visíveis e claros. Aliás, nem todo mundo fica com olheiras, com os olhos vermelhos, ou boceja no meio do dia. Há estágios do débito de sono que vão aos poucos minando nosso organismo silenciosa, cumulativa e progressivamente, causando graves danos à saúde. Que tal você aprender um pouco sobre eles e prestar mais atenção à qualidade do seu sono em vez de esperar que os primeiros sintomas graves, aqueles que não podemos ignorar, apareçam?

Para começar, veja se você se lembra de alguma dessas alterações no seu ritmo mental: irritabilidade; mau humor; sonolência; desatenção; perda de concentração e da memória de fatos recentes; raciocínio mais lento; redução da capacidade criativa, de planejamento e de execução de tarefas. Estes são os primeiros sintomas da *privação crônica de sono*. Quer saber aonde isto vai parar? Se as noites continuam mal dormidas, o quadro pode evoluir para: perda de vigor físico e tônus muscular; envelhecimento precoce; obesidade; sistema imunológico prejudicado; aumento acentuado no risco de doenças cardiovasculares e gastrintestinais; diabete e perda crônica de memória. Perigoso, não? Quer fazer uma pausa na leitura para dormir um pouco ou podemos continuar?

Antes de despejar aqui todos os perigos da privação de sono, vou contar as vantagens de dormir gostosamente todas as noites.

## Você dorme, seu corpo trabalha

*Uma boa noite de sono pode ajudar até mesmo a "emagrecer". Descubra todas as suas vantagens.*

As características qualitativas do sono entre os mamíferos placentários levam a crer que o sono tem uma função na preservação da espécie. Todos os animais com cérebro mais desenvolvido dormem, diferentemente do que acontece com seres inferiores, como os peixes e anfíbios, que apenas repousam.

Para os humanos, uma noite de sono não serve apenas para o descanso. Durante o sono o cérebro se reorganiza, guardando as informações essenciais no lugar certo e eliminando as desnecessárias. O organismo, que durante o sono passa a ser controlado pelo sistema nervoso autônomo, trata de fazer reparos nos órgãos, construir novas células, reformar e limpar a casa. E é justamente durante a noite que certos hormônios são secretados, desencadeando processos fundamentais ao organismo. Alguns deles são: a leptina, que controla a sensação de saciedade; o cortisol, que promove a utilização de gordura pela mobilização dos depósitos adiposos e contribui na resposta ao controle do estresse; e o hormônio do crescimento (ou GH), que aumenta a síntese de proteína e o uso de gorduras para energia. A baixa de GH tem sido associada ao envelhecimento. Na falta desse hormônio, os ossos e músculos ficam menores e mais fracos, ocorre maior acúmulo de gordura no abdômen e a pele fica ressecada e flácida. No caso do cortisol, há perigo também no seu excesso, que inibe o sistema imunológico, eleva a pressão arterial e os níveis de colesterol ruim.

Daí você já percebe que há uma íntima relação do sono com a possibilidade de emagrecimento e de ganho de massa magra. Já pensou? Se por falta de bom sono você não conseguir atingir sua meta de qualidade física, terá dois motivos para ficar de mau humor!

Uma noite completa de sono, bem dormida, segue um cronograma com resultados certos. Veja como o sono ideal acontece em um adulto sadio.

*Fase 1*: *sonolência*. As pálpebras ficam pesadas, os olhos se movem lentamente e o sono começa a tomar conta, desligando a atenção. A partir daí, o sono acontece em quatro estágios diferenciados que se alternam ao longo da noite.

*Fase 2*: *sono leve*. Há queda nos ritmos cardíacos e respiratórios e na temperatura corporal e ocorre relaxamento muscular. Neste estágio já ocorre diminuição da atividade cerebral e dos sinais vitais. Os pensamentos já se assemelham a sonhos (cochilo). É também a fase mais duradoura para a maioria dos adultos.

*Fases 3 e 4*: *sono delta*. Representam progressivamente a profundidade do sono, caracterizadas pela transmissão de impulsos elétricos em ondas de baixa freqüência e alta amplitude (ondas delta). Nesse estágio, a atividade do sistema nervoso autônomo simpático diminui e diversas manifestações fisiológicas – freqüências cardíaca e respiratória, pressão arterial, débito cardíaco, tamanho da pupila, movimentos peristálticos intestinais – permanecem em um mínimo estável sem grandes variações. No estágio 4, a freqüência cardíaca e a pressão arterial atingem seus pontos mais baixos. A atividade mental atinge seu mínimo, sem a ocorrência de sonhos. É nesse estágio também que ocorrem os picos do hormônio do crescimento e da leptina e o início da liberação do cortisol, até atingir seu pico no início da manhã.

Ao longo da noite, uma pessoa passa várias vezes pelas fases 2, 3 e 4, além de um estágio especial do sono chamada

REM (*Rapid-Eye-Movement* – sigla em inglês que identifica o movimento rápido dos olhos), em 4, 5 ou 6 ciclos de aproximadamente 90 minutos. Curiosamente, a fase REM constitui o pico de atividade cerebral: o metabolismo do cérebro aumenta acima do nível normal de uma pessoa acordada, sem que ela acorde. É nessa hora também que ocorrem os sonhos e as ereções penianas. Inexplicavelmente, a respiração fica irregular e o ritmo cardíaco oscila, enquanto a musculatura do corpo todo relaxa ao máximo, ficando paralisada.

O período REM costuma ser curto. Sua duração aumenta a cada ocorrência, o que sugere que é especialmente importante a parte final do sono, no início da manhã.

O número de horas necessárias para que se completem os ciclos de sono é variável, pois obedece a influências genéticas, culturais e ambientais. Para uma mesma pessoa, a distribuição dos estágios de sono e a duração total dos ciclos podem ser alteradas devido a medicações, condições ambientais (tais como umidade do ar, ruído ou temperatura), distúrbios do sono ou simplesmente a idade.

O problema de dormir pouco é que, em menos do que 7, 8, ou 9 horas (média necessária para a maioria dos adultos), não se completam todos os ciclos do sono. Se o tempo de sono profundo é reduzido, cai a secreção daqueles hormônios vitais citados anteriormente.

O efeito dessa produção reduzida, nos jovens, é a diminuição da capacidade ou do ritmo de crescimento e o comprometimento no desenvolvimento do corpo. Nas crianças, sono curto acarreta prejuízo em sua capacidade de aprendizagem e até nanismo. Nos adultos, a falta do hormônio do crescimento implica a aceleração do envelhecimento.

Para os praticantes de exercícios físicos, a falta desses hormônios pode comprometer os resultados esperados. Pode-se dizer até que o sono é um dos maiores aliados de um atleta. Por exemplo, por mais que se esforce na musculação ou na bicicleta, uma pessoa que dorme mal pode não conseguir a hipertrofia na musculatura e a perda de gordura corporal que conseguiria se dormisse bem.

### O sono no túnel do tempo

- O tempo de sono NREM (não-REM) e o número de horas de vigília aumentam com a idade, ao passo que o sono REM e o tempo total de sono diminuem.
- Se na infância o sono delta (fases 3 e 4) atinge sua duração máxima, na idade avançada chega a desaparecer.
- Um adolescente dorme 80% mais fases 3 e 4 do que uma pessoa de 50 anos.
- Para os idosos, a eficiência de sono cai para 70 a 80%.

## Os riscos de não dormir

*O que pode acontecer com quem se priva do sono.*

Infelizmente não é todo mundo que fica sem dormir por um bom motivo (uma noite agradável que merece durar...). Hoje em dia, principalmente nas grandes cidades, multiplicam-se os apelos para que adiemos indefinidamente a hora do sono. Estamos na era dos supermercados 24 horas, da TV a cabo 24 horas, das academias de ginástica 24 horas, dos bate-papos e das compras pela Internet, que convidam ao prolongamento do dia e ao encurtamento do descanso. Além disso, o excesso da carga de trabalho e de atividades produtivas (aí inclusos os empregos noturnos que aceitamos suportar) é um forte concorrente do bom sono, causando inúmeros casos de insônia. Nos Estados Unidos, centro mundial da vida industrializada, a privação crônica do sono afeta um terço da população.

A insônia é um problema comum que foi considerado "epidemia moderna de problemas do sono" pelo Better Sleep Council,[22] uma das mais conceituadas instituições educadoras do sono, atuante nos EUA e no Canadá, e é também objeto de estudo de universidades e instituições de saúde brasileiras. No Brasil todo, existem cerca de 150 laboratórios do sono. Em São Paulo, a Universidade de São Paulo (USP) e a Universidade Federal de São Paulo (UNIFESP) possuem institutos de pesquisa e atendimento específico para distúrbios do sono ligados aos seus serviços de saúde.

No Brasil, estima-se que 3 em cada 10 adultos sofram de insônia. Quase todos nós sabemos o que é passar pelo menos uma ou algumas noites insones. É comum o sono ser atrapalhado por problemas ou preocupações de difícil solução, dos quais não conseguimos nos desligar. Se isso ocorre esporadicamente, podemos nos recuperar com relativa facilidade. Mas se a dificuldade em dormir se repete, de vez em quando ou noite após noite, outros transtornos, como ansiedade, angústia ou medo ao anoitecer, se tornam prováveis. A essa altura é recomendável procurar ajuda médica e/ou terapêutica. Do contrário, corre-se o risco de o débito de sono ir se acumulando e ocasionar uma série de problemas. Não apenas aqueles relacionados a erros humanos e acidentes, mas também problemas de saúde, que não são tão conhecidos pela população leiga.

Os efeitos visíveis desse boicote ao metabolismo podem ser de diferentes grandezas. Se o sono é responsável pela organização da casa, a falta dele favorece a bagunça. Quando hormônios e outros participantes do metabolismo não cumprem seu expediente, desequilíbrios como emagrecimento e engorda anormais podem ocorrer, e o nível do colesterol e do triglicérides pode ficar alterado. No nível cerebral, a privação de sono atrapalha a conexão entre os neurônios e, assim, compromete as funções da memória e do aprendizado.

Estudos da Universidade de Chicago[23] mostram que a falta de sono afeta a produção de leptina e aumenta a necessidade de ingestão de carboidratos além do limite razoável. Isso aumenta significativamente os riscos do desenvolvimento de doenças cardiovasculares e diabetes. A diabetes é favorecida, também, pela baixa na produção de insulina, o que altera a liberação de cortisol. A baixa no cortisol, por sua vez, aumenta os riscos de doenças cardiovasculares e infecções. Para completar, as infecções apresentam maior perigo, uma vez que a privação de sono afeta a quantidade de glóbulos brancos, prejudicando o sistema imunológico.

Existem pesquisas que correlacionam o horário de verão e a conseqüente perda de uma hora de sono com um aumento aproximado de 7% a 8% no número de acidentes de trânsito, assim como correlacionam a subseqüente volta ao horário normal e a recuperação dessa hora de sono com a diminuição daqueles índices (pesquisa realizada na EUF, com dados de referência de relatórios publicados pela National Commission on Sleep Disorders Research).[23]

Outro estudo, publicado em setembro de 1999 pela Universidade Stanford, dos Estados Unidos,[4] observou que a privação de sono leva a um estado comparável ao de uma embriaguez leve. Ao testarem pessoas que permaneceram mais de 19 horas sem dormir, os pesquisadores contaram um número de erros maior do que o cometido por pessoas alcoolizadas com 0,8g de álcool por litro de sangue (o equivalente a três doses de uísque).

Uma outra pesquisa,[4] realizada a partir de tomografia do cérebro de pessoas jovens, também após privação de sono, detectou redução de metabolismo nas regiões frontais do órgão, responsáveis por planejamento e execução de tarefas, e também no cerebelo, que é responsável pela coordenação.

Em uma experiência com privação de sono por dois a três dias, a maioria das pessoas passou a ter breves sonos involuntários e lapsos curtos de atenção (o cérebro adormecia por 5 a 10 segundos). Após cinco dias de privação, esses lapsos aumentaram sua freqüência e sua duração. Após dez dias, eles passaram a aumentar numa tal proporção que a pessoa já não sabia quando estava acordada ou dormindo e podia ter um lapso de sono mesmo caminhando.[24]

A experiência concluiu que, ainda que um indivíduo não passe dez dias consecutivos sem dormir, mas tenha uma dívida acumulada de sono equivalente a dez dias, pode passar a ter lapsos de sono sem ter a mais pálida consciência disso. Pode cometer erros no trabalho sem perceber. Por exemplo, pode pular uma coluna de números durante uma soma, se trabalhar com números. Pode colidir com outro veículo, se trabalhar dirigindo, ou se esquecer de um dado fundamental numa avaliação. Pode ainda prejudicar seu pensamento criativo, um problema e tanto caso trabalhe com arte ou na área de criação. Imagine o tamanho do risco para pessoas que trabalham em áreas ligadas à segurança de um número grande de pessoas, como segurança aérea ou estratégia e táticas militares ou decisões que comprometam a paz, ou ainda na área da saúde, médicos e enfermeiras plantonistas.

É bom lembrar que a privação crônica de sono pode acarretar ainda perdas em outras áreas da vida, além do trabalho, como relacionamentos familiares, casamento, saúde (inclusive mental), equilíbrio etc. A sensação de exaustão pode levar quem está sem dormir direito a renunciar ao lazer e às atividades sociais, o que afeta grandemente sua qualidade de vida.

Para agravar o quadro, muitas vezes, os insones terminam recorrendo a drogas para se manterem acordados por mais tempo, o que tem outras conseqüências. Mas isto será comentado num outro momento.

## Condições ideais para o sono

*Prepare o seu corpo e o ambiente para garantir uma noite bem dormida.*

A insônia não é o único problema que afeta o aproveitamento da noite. Além da dificuldade em entrar na primeira fase do sono, existem fatores também bastante comuns que atrapalham a continuidade do processo. A começar pelo ambiente. Não será possível dormir bem se o dormitório não estiver com as mínimas condições favoráveis ao relaxamento, como:

*Cama boa.* Para dormir profundamente e só acordar oito horas depois, é importante dispor de uma cama confortável, com um colchão firme, cobertas suficientes, um travesseiro do tamanho certo e, talvez, um apoio para os joelhos. Se for cama de casal, é fundamental que as duas pessoas saibam respeitar o espaço de cada uma durante o sono.

*Escuridão.* Há crianças que temem o escuro, mas os adultos já são grandinhos para isto. Cortinas e portas fechadas, desde que permitam alguma ventilação no quarto, garantem a luminosidade ideal para o sono: nenhuma.

*Silêncio.* O quarto precisa estar protegido de ruídos vizinhos e principalmente de ruídos próximos. Preparar o ambiente um pouco antes de se deitar, desligando a TV e deixando acesa apenas uma lâmpada de baixa potência, com uma música suave em baixo volume, ajuda a baixar a freqüência cerebral. Se o seu cachorro late durante a noite, tranque-o longe do quarto até amanhecer. Se o seu cônjuge ronca alto, acompanhe-o a uma clínica especializada para se tratar do problema. Ninguém é obrigado a dormir mal só para não reclamar do ronco alheio.

*Ronco.* Se é você quem ronca, procure ajuda especializada, pois é possível tratar o problema. O ronco pode ser causado por vários fatores, entre eles a obesidade, já que o acúmulo de gordura corporal pode atrapalhar na acomodação do corpo na posição deitada e na passagem do ar pela traquéia.

*Se você tem uma grande família* e cada um vai dormir em um horário diferente, proponha um acordo democrático que permita a todos ir para cama na hora em que quiserem, sem o risco de interromper o sono de quem se deitou primeiro. O bem-estar geral, sem brigas, também colabora com a qualidade de vida.

## Sono e atividade física

As pesquisas e discussões sobre a relação da qualidade do sono com a atividade física têm chegado a conclusões diversas, pois ainda existe dificuldade em mensurar a qualidade do sono. Apesar disso, tem-se observado, que em geral, aqueles que praticam atividades físicas tendem a conseguir um sono mais profundo e prolongado do que os que não praticam. Na Universidade Federal de São Paulo (UNIFESP), o educador físico Marco Túlio de Mello vem realizando estudos que relacionam a qualidade do sono com a atividade física, a partir do acompanhamento de pessoas ativas e inativas enquanto estão dormindo. Uma das conclusões já divulgadas é que, no grupo de sedentários, é maior a ocorrência de ronco, apnéia – interrupção da respiração – e sono fragmentado.

A maioria dos estudos sobre a correlação entre exercícios e qualidade de sono baseia-se na comparação entre indivíduos ativos e não ativos, e os efeitos dessa atividade-inatividade sobre o sono noturno. Ainda existem poucos estudos diretos sobre a determinação dos exercícios sobre a qualidade do sono, mas espera-se que determinadas estratégias possam ser desenvolvidas para resultados mais precisos.

Já se sabe que os exercícios vigorosos, se praticados regularmente, provocam maior gasto energético e requerem um período maior de sono para a reposição das energias. O que se observou em pesquisas é que essa compensação se dá num prolongamento da fase de sono mais profundo, que favorece a liberação e regularização de hormônios. Verificou-se, inclusive, uma proporção entre o aumento na duração dos exercícios e a profundidade do sono.

Uma pesquisa do Royal Edinburgh Hospital[24] mostrou que os soldados que praticavam regularmente musculação, para obter aumento de resistência, adormeciam mais rapidamente e acordavam bem menos vezes durante a noite. Observou-se também que pessoas com menos aptidão física ou maior idade beneficiam-se ainda mais da prática de exercícios para a qualidade do seu sono.

Outro efeito positivo da prática de exercícios para os insones é que a maior movimentação corporal durante o dia ajuda a diminuir a agitação noturna, típica de quem tem dificuldade para cair no sono. Assim, a atividade física diurna inverte o "horário de pique", possibilitando que a pessoa gaste mais energia de dia e relaxe à noite.

A ligação entre exercício físico e sono vai muito além do cansaço provocado pela atividade extra. Novas descobertas dos cientistas apontam que ela também está na curva de temperatura corporal. Isso mesmo. Para entender melhor: durante o dia, a temperatura do corpo aumenta e, ao longo da noite, há uma queda – que propicia o sono de ondas delta, profundo. Nas pessoas normais, o pico da temperatura ocorre no meio da tarde, enquanto a mais baixa ocorre entre quatro e cinco horas da manhã. Também foi observado que as mudanças de temperatura coincidem com os momentos de adormecer e despertar, sugerindo que, para garantir a qualidade do sono, convém ajustar o relógio biológico, a fim de sincronizar a baixa da temperatura corporal com a sonolência e o reaquecimento com o despertar.

Nas pessoas insones o ritmo não ocorre dessa forma. Em conseqüência da insônia e seus distúrbios, o ritmo da temperatura não passa pelas oscilações saudáveis esperadas. Há um aumento muito menor de temperatura durante o dia, porque essas pessoas são muito menos alertas e ativas, e também uma diminuição muito menos significativa durante a noite, em decorrência do sono superficial e fragmentado. Em outras palavras, quem não dorme direito tem a temperatura corporal toda desregulada.

Para ajustá-la, o exercício físico de alta intensidade parece ser a ferramenta perfeita. Segundo as experiências feitas até agora, qualquer exercício que eleve a temperatura interna do corpo (caminhada, corrida, natação, ciclismo, aeróbica, tênis etc.) terá influência positiva sobre o sono. Para tanto, a atividade tem de ser vigorosa. Por exemplo, na caminhada deve haver esforço suficiente para acelerar o coração e o ritmo respiratório. Enquanto está sendo praticado, ele eleva a temperatura corporal – muito mais do que quando você está apenas trabalhando em frente ao computador, por exemplo – de forma que, à medida que o final do dia vai se aproximando, a volta à temperatura média proporciona as melhores condições para uma boa noite de sono.

Essa conexão do aumento da temperatura pelos exercícios praticados, cinco ou seis horas antes de dormir, e a posterior diminuição da temperatura para um sono profundo é a descoberta mais recente sobre a real vantagem dos exercícios sobre o sono. A prática de exercícios em horários próximos à hora de dormir, por outro lado, pode provocar um adiamento do sono, levando a pessoa a dormir mais tarde. Por esse motivo, não é recomendada aos insones a prática de exercícios no período noturno. Com essa descoberta em mãos, os pesquisadores estão testando maneiras de inserir a atividade física no cotidiano de pessoas com distúrbios do sono, de acordo com o horário em que elas precisam dormir.

Se quiser experimentar, vá em frente. Você terá chances de obter ótimos resultados.

# 4
# Controle seu estresse

*Ele pode ser bom ou ruim. Controlar os fatores estressantes é fundamental para o bem-estar.*

Fala-se tanto em estresse que muitos acreditam que ele seja uma doença. A verdade é que ele já foi considerado como tal, mas hoje se sabe que ele nada mais é do que um aspecto natural da vida do ser humano, praticamente inerente a ela. Trata-se de uma conseqüência normal do nosso envolvimento com as situações do dia-a-dia que nos exigem responsabilidades, decisões, obrigações e nos levam a conflitos. Uma explicação simples é que estresse é nossa resposta emocional para os acontecimentos da nossa vida. Em suma, é nossa maneira de lidar com ela.[5]

É ponto pacífico que a vida anda bastante cheia de solavancos. De uma coisa pelo menos não podemos reclamar: vivemos intensamente. Mas não somos uma parede de aço totalmente a prova de choques. Os acontecimentos de impacto causam abalos emocionais e físicos que podem nos afetar de diversas maneiras, dependendo de como estivermos preparados para lidar com eles. Alguns batem e voltam como bola de borracha, dando apenas um susto passageiro; outros nos pegam de surpresa e nos arranham; e ainda há aqueles que nos marcam permanentemente.

Abalos sempre virão, pois estamos neste mundo para enfrentá-los e aprender com eles – ninguém nasceu para ser abatido por eles. A educação que recebemos desde o berço serve para experimentarmos soluções e encontrarmos a nossa maneira particular de crescermos firmes, fortes e ao mesmo tempo maleáveis. O conhecimento que adquirimos sobre a natureza, sobre a história, sobre os homens e suas ações nos vale de pré-requisito para observarmos a nós mesmos e calcularmos o tamanho dos passos que podemos dar em nosso caminho. Isso inclui o conhecimento das reações do nosso corpo aos desafios que a nossa mente identifica e aceita.

As concepções científicas do estresse baseiam-se na idéia do equilíbrio das funções corporais, o que é chamado de homeostase. Ela varia conforme a idade, condição física e suscetibilidade individual para perturbação pessoal da harmonia de cada pessoa. Estímulos do meio ambiente podem alterar esse equilíbrio do corpo, fazendo-nos gastar energia tentando restabelecê-lo, no que seria uma reação de emergência do nosso corpo a um estímulo forte do meio. E a isso chamamos de estresse – qualquer fator que perturbe o equilíbrio homeostático do corpo, ou seja, que "bagunce" suas funções.

Ainda mais nesses tempos em que o cotidiano muda com muita rapidez, em que muito se faz, muito se pensa e muito se decide em poucas horas, é comum e fácil exigirmos do nosso organismo mais do que ele está esperando. Mas isso não é necessariamente ruim. Pode ser bastante estimulante e frutífero enfrentar desafios e buscar situações novas que exijam adaptações, pois elas dão sabor e tempero à vida. A monotonia também não faz bem.

Não se pode dizer, portanto, que o estresse é sempre um inimigo da saúde. Na verdade existem dois tipos de estresse: um bom e outro ruim.

O estresse bom (*eustress*) ocorre em situações agradáveis, como quando nos apaixonamos, quando nos envolvemos em algum projeto ou trabalho com o qual nos entusiasmamos, ou quando praticamos exercícios num ritmo moderado.[25] Embora o estímulo seja agradável, a reposta de estresse nesses casos pode ser tão prejudicial quanto à do estresse ruim. Quem nunca ficou sem dormir ou perdeu o apetite por causa de uma paixão?

Já o estresse ruim (*distress*) aparece associado a exigências, cobranças e riscos. Existe o *distress* agudo, que é momentâneo; mas preocupante mesmo é o *estresse crônico* — dificuldades financeiras prolongadas, relacionamentos desgastantes, dores freqüentes –, tão comum ao nosso modo de vida, principalmente, nos grandes centros urbanos.[25] É esse que a Organização Mundial de Saúde considera epidemia global, ao lado da obesidade, e é a ele que estarei me referindo quando falar em estresse, nesse livro.

Em todas as suas formas, o estresse é um mecanismo de adaptação a uma nova situação, o que envolve algum risco. É o corpo humano, ligado à mente, tentando deixar o indivíduo o mais à vontade possível em face de um novo evento relevante em sua vida.

Quem não tem problemas provavelmente não se estressa (se você conhece alguém que não tenha problemas, leve o caso à imprensa). Mas muita gente se estressa sem saber, pois nem sempre o estresse nos causa sintomas tão perceptíveis como uma vontade louca de gritar de raiva. Pode ser até que seu corpo esteja fazendo uma revolução interna por causa do estresse e você esteja levando a vida normalmente, achando que está tudo muito bem. Pequenos incômodos do cotidiano, como uma dor de estômago, uma certa insônia, uma relação sexual sem prazer, e você vai levando. Essa é a chamada fase de resistência, fase em que resistimos aos estressores, e é muito perigosa, justamente porque não prestamos atenção e não procuramos soluções.

O estresse aparece também em sintomas psicossociais: irritabilidade excessiva, falta de concentração, hostilidade, uso excessivo de palavrões, falta de vontade de sair de casa, pessimismo, impaciência com coisas simples, brigas constantes até com desconhecidos, sentimento de só sentir-se bem trabalhando, perda do sentido da vida.[26] As coisas começam a se complicar, a produtividade cai, até que um dia algum órgão do corpo entra em colapso, num aviso derradeiro. É a fase da exaustão. Ou você se cuida, ou a doença toma conta.

Como saber quando estamos estressados? Como se diferencia o estresse, por exemplo, da TPM ou de um mal-estar causado por uma doença? Quando ir ao médico? Como tratar?

Existem maneiras "caseiras" e clínicas de detectar um quadro de estresse. Você pode aprender a se observar a partir de algumas informações preliminares.

Em um processo de desencadeamento de estresse, são dois os mecanismos que atuam principalmente: o sistema nervoso central e o sistema das glândulas endócrinas. No que toca ao sistema nervoso central, a reação se inicia pelos receptores de sentido – visão, audição, olfato, paladar e tato –, que estimulam diversas áreas do cérebro, que então desencadeiam respostas do organismo. O sistema das glândulas endócrinas também estimula respostas do organismo, como não poderia deixar de ser, pela corrente sangüínea, que transporta os hormônios.

O que diferencia um e outro sistema de resposta ao estresse é a qualidade da resposta ao estímulo. Pelo sistema nervoso central, as respostas são mais imediatas e menos prolongadas – como, por exemplo, uma ação muscular brusca. As respostas provocadas pelo sistema endócrino são mais lentas e duradouras (como, por exemplo, a ação da adrenalina em uma situação de emoção ou alerta).

Quando há uma reação de alarme inicial, o corpo busca adaptação à nova situação e resiste ao estresse. Mas quando o nível de estresse é superior à capacidade de resistência, o organismo pode exaurir suas reservas. Os primeiros sintomas desse estágio costumam ser: herpes, gripes, irritabilidade, insônia, aftas, tensão muscular, dores no corpo e nas articulações, dispersão, distúrbios do apetite (falta ou excesso), ansiedade, dores de cabeça, sensação de cansaço e incapacidade para a ação, perda de memória etc.

Quando os elevados níveis de estresse se mantêm por tempo prolongado, esses sintomas podem se desenvolver para doenças mais graves, como: artrite, alergia, hipertensão arterial, infartos do miocárdio, derrames cerebrais, úlceras e câncer, entre outras.

Imagine uma situação nova em sua vida, que você precise controlar. Uma gravidez inesperada, desemprego, um parente hospitalizado, uma atribuição inédita no trabalho, um campeonato. Você sente que precisa e prontamente procura e testa mecanismos de controle, na ânsia de não sofrer perdas. Se algo dá errado e você não alcança ou acredita que não vá alcançar esse controle (insegurança), poderá se conduzir a um estado de estresse (irritabilidade, insônia, ansiedade, dores de cabeça). O estresse por si só torna-se um problema a mais e, como conseqüência, pode se desdobrar em outros estímulos ao estresse, piorando o quadro.

Não é qualquer estímulo estressor que causa a reação de estresse. Inicialmente, é mais comum a reação surgir diante de estímulos repetitivos e reincidentes (os choros de bebê para uma enfermeira da maternidade ou a goteira no meio da sala da dona de casa). O indivíduo passa a reagir com mecanismos de estresse, a cada vez que se depara com uma situação que repete o padrão de estímulos que causaram estresse nas primeiras vezes. Depois, o que se verifica, muitas vezes, é uma reação de estresse diante de uma situação considerada como estressante, sem que necessariamente o estímulo estressor esteja presente e ativo. Nesse caso, qualquer sinal (choro de criança ou barulho de chuva) pode provocar o estresse antecipado e suas reações subseqüentes. No contexto esportivo, essa condição é conhecida como "estado pré-competitivo".

Ao lidar com o estresse, as seguintes atitudes são recomendas:

*Controlar os fatores estressantes.* Embora eles estejam em todo lugar, saber lidar com elementos estressantes é uma grande vantagem para você. Sim, é possível modificar, reduzir, evitar ou mesmo controlar o que deixa você estressado. É apenas uma questão de autocontrole e análise fria da situação. Numa analogia com um automóvel, se o motor não estiver suportando a pisada no acelerador, apenas diminua a carga, ou diminua a marcha. É apenas uma questão de vontade.

*Ter prazer em atender as outras pessoas.* A relação diária que temos com as pessoas do ambiente de trabalho é com certeza um foco de elementos estressantes. Vale a pena executar pequenas tarefas que, em princípio, podem parecer enfadonhas, de forma prazerosa, sem esperar nada em troca. O mesmo vale para as relações pessoais. Uma postura solícita, certamente, vai diminuir o risco de ser tratado de forma, possivelmente, estressante por outras pessoas, o que pode aliviar muitas tensões.

*Manter-se com boa saúde.* O estresse é uma fase de adaptação que requer do corpo respostas rápidas. Quanto mais o seu corpo estiver preparado, melhor você vai poder dar estas respostas. Assim, preocupe-se sempre em dormir bem, exercitar-se freqüentemente e ter uma dieta balanceada.

*Procurar apoio.* Procurar uma pessoa em quem você confia, para dividir problemas emocionais, físicos e financeiros, em busca de conforto e assistência, é certamente um elemento positivo ao lidar com situações estressantes. Uma pessoa com problemas e isolada emocionalmente pode ser associada a uma saúde mais debilitada e a um maior risco de doenças.

*Aprender a lidar com as suas reações diante de situações estressantes.* Muitas vezes, um elemento que nos estressa é muito menos problemático do que acreditamos. A atitude que deve ser tomada ou a tarefa que deve ser realizada pode ser infinitamente menos problemática. Basta ter uma noção realista das coisas e ter força de vontade para encarar os desafios.

# 5
# Apague logo este cigarro!

*Cerca de 10 mil pessoas morrem todos os dias em conseqüência do consumo de cigarros. Precisa dizer mais?*

Não é de hoje que todas as pessoas sabem que o cigarro é nocivo à saúde. Mesmo os fumantes mais compulsivos, ou principalmente eles, reconhecem que o hábito de fumar está longe de ser saudável. Isso é fácil de se constatar quando perguntamos ao fumante sobre o seu vício: freqüentemente ouvimos que está tentando largar, ou que largou e retomou esse hábito tão danoso. As estatísticas mostram que, no mundo todo, 78% dos fumantes gostariam de se livrar do fumo, mas não conseguem.

O problema é semelhante ao alcoolismo e a solução mais fácil e barata é também a mais simples: não começar. A nicotina é uma droga que efetivamente dá prazer, aumentando os níveis de dopamina no cérebro (a dopamina). Mas é alto o preço que se paga por alguns instantes de satisfação. Juntamente com a nicotina, ao fumar, ingerimos o alcatrão e muito monóxido de carbono, que são os verdadeiros vilões e causam doenças.[27]

O número de doenças causadas pelo monóxido de carbono é imenso. Por diminuir a liberação de oxigênio nos tecidos, essa substância é uma das principais causas da aterosclerose, doença que causa o endurecimento das artérias coronárias, podendo levar ao infarto do miocárdio, muitas vezes fatal.[22] São, também, freqüentes o aneurisma da aorta (dilatação prejudicial dessa artéria) e o derrame cerebral (que é um acidente vascular sério). Além dessas doenças circulatórias, os indivíduos fumantes têm muito mais probabilidade de contrair infecções pulmonares, por vírus ou bactérias, agudas ou crônicas. O tabaco está intimamente relacionado ao câncer, seja do mais conhecido câncer de pulmão, seja daqueles tipos que atacam a boca, a laringe, o esôfago, o pâncreas, o rim e a bexiga.[28]

É mais do que consensual que o fumo causa diversas doenças, que causa dependência e que deve ser evitado a qualquer custo. Portanto, aqui, não há meias palavras nem equilíbrio em cima do muro. Minha bandeira é: não fume!

## Um planeta de fumantes

*Um quinto dos habitantes do mundo fumam. Resultado: graves prejuízos à saúde e ao bolso das pessoas.*[29]

O consumo do tabaco surgiu nas sociedades indígenas da América Central em meados do ano 1000 a.C. A planta, cujo nome científico é *Nicotiana tabacum*, era utilizada pelos índios em rituais mágico-religiosos. A partir do século XVI, com a colonização das Américas, o uso do tabaco se disseminou pela Europa. As folhas eram vendidas como fumo para cachimbo, tabaco para mascar, rapé e charuto. No final do século XIX, o tabaco passou a ser comercializado sob a forma de cigarros e se espalhou pelo mundo com a ajuda da publicidade. Resultado: hoje, aproximadamente, um terço da população mundial adulta (1 bilhão de homens e 200 milhões de mulheres) constitui-se de fumantes, segundo estimativa da Organização Mundial de Saúde (OMS).[27]

O tabagismo é a maior causa evitável de doenças e mortes da história da humanidade. Segundo dados da OMS, os produtos derivados do tabaco, como cigarros e charutos, são responsáveis pela morte de 4 milhões de pessoas por ano em todo o mundo. Isso corresponde a 10 mil mortes por dia. Quer mais? 70% delas acontecem nos países em desenvolvimento.[27]

Existem pesquisas que consideram o hábito de fumar como a principal causa subjacente de morte nos Estados Unidos. Isso significa que, em cada cinco mortes, uma seria decorrente do fumo. Mais ou menos 400 mil morrem por ano, de câncer, problemas cardíacos e outras doenças. E mais de 10 milhões de norte-americanos sofrem de doenças correlatas ao hábito do fumo, como enfisema pulmonar, bronquites, úlceras e aterosclerose.

Porto Alegre e Rio Branco são as cidades brasileiras com maior número de fumantes.[29] Porto Alegre possui um dos maiores índices de câncer de pulmão, sendo as doenças circulatórias a segunda principal causa de mortalidade.

Além das perdas humanas, o cigarro traz também prejuízos financeiros que não são nada desprezíveis. A perda chega a 200 bilhões de dólares por ano em todo o mundo, metade disto onerando os cofres dos países em desenvolvimento, como o Brasil. Os gastos correspondem a despesas com o tratamento de doentes vítimas do tabagismo, à morte de trabalhadores, a aposentadorias precoces decorrentes do fumo, a prejuízos devidos a faltas no trabalho e ao menor rendimento na produção por fumantes.

Como se não bastassem os problemas de saúde e os prejuízos econômicos, o fumo causa também danos diretos e indiretos ao meio ambiente. Primeiro, as folhas do tabaco, antes de serem industrializadas, passam por um processo de secagem em forno à lenha que consome uma árvore para cada 300 cigarros produzidos. Quando já prontos e acesos, os cigarros são responsáveis por 25% de todos os incêndios.[27] Quando finalmente apagados, são poluentes de solo e água, demorando 100 anos para se degradarem, após terem contribuído com o acúmulo de detritos nas ruas e o conseqüente entupimento das bocas de lobo, que favorece as enchentes.

A tal liberdade de fumar o quanto quiserem que os fumantes reivindicam, portanto, não é assim tão merecida quanto pensam. Estamos todos pagando pelas conseqüências desse vício.

## Efeitos do cigarro no organismo

*O perigoso percurso da fumaça dentro do corpo.*

Quando um fumante dá uma tragada, as substâncias presentes na fumaça do cigarro são absorvidas pelo organismo, pelas vias respiratórias. Por meio da traquéia e dos brônquios, elas chegam ao pulmão e atingem a corrente sangüínea. Uma vez espalhadas pelo corpo, essas substâncias atingem o sistema nervoso central, causando uma leve estimulação do cérebro e a diminuição do apetite.

A nicotina é uma das substâncias mais ativas presentes no cigarro. É uma droga psicoativa, responsável pela dependência química do fumante. Ela excita as glândulas suprarrenais, que liberam a adrenalina, provocando a contração das paredes das artérias. Há um aumento da pressão arterial e da freqüência respiratória, favorecendo o surgimento de problemas cardiovasculares. A nicotina é considerada um estimulante leve, embora alguns fumantes sintam-se relaxados quando fumam.

Parte das substâncias do cigarro, também, chega ao organismo pelas vias digestórias – boca, estômago e intestinos. A fumaça que se dissolve na saliva é levada até o estômago, provocando a diminuição da secreção gástrica e estimulando a produção de ácido clorídrico. Isso dificulta a digestão, diminui o apetite e facilita o surgimento de úlceras.

## 4.720 Motivos para não fumar

*Esse é o número de substâncias que compõem o cigarro. Vai arriscar?*

Para quem quer conhecer de forma mais específica a composição da fumaça do cigarro, seguem algumas informações bastante interessantes.

Existem mais de 4.720 substâncias tóxicas na fumaça do cigarro que representam riscos à saúde.[27] Além das mais conhecidas, como nicotina, alcatrão e monóxido de carbono, a fumaça contém também substâncias radioativas, como polônio 210 e cádmio, encontrado nas baterias de carros. E não bastassem os elementos tóxicos mais prejudiciais, como benzopireno e radicais livres, análises precisas revelam a presença de uma variedade de produtos cancerígenos no cigarro, perigosos mesmo isoladamente. São ao todo 21 componentes, entre eles os menos conhecidos fenol, hidrocarbonetos aromáticos, nitrosaminas, nornicotina e níquel.

## Composição básica do cigarro

*Alcatrão*: Composto por mais de 40 substâncias tóxicas e cancerígenas, entre elas o arsênio, o níquel, o benzopireno e o cádmio; o alcatrão causa irritação das vias respiratórias e dos pulmões, inibindo o movimento dos cílios que limpam as vias respiratórias e aumentando a secreção. A eficiência respiratória diminui, surgindo a tosse e o pigarro típico dos fumantes. Assim, o caminho está aberto para doenças infecciosas, bronquite crônica e enfisema (destruição dos alvéolos pulmonares).

*Nicotina*: A nicotina é um alcalóide cancerígeno que causa alta dependência, inclusive maior que a do álcool, sendo bastante nociva para o sistema nervoso e principalmente para o coração. Considerada droga pela Organização Mundial da Saúde, é um estimulante leve que aumenta a produção das glândulas suprarrenais, levando a uma contração da musculatura do sistema circulatório, com aumento da pressão sangüínea. Favorece o depósito de gordura nas artérias, diminuindo a irrigação dos órgãos e facilitando o aparecimento de coágulos que entopem os vasos. No sistema digestório, provoca diminuição da contração do estômago, dificultando a digestão.

*Monóxido de carbono*: Combina-se com a hemoglobina, formando um composto chamado carboxihemoglobina, que prejudica o transporte de oxigênio pelas hemácias. A má oxigenação do sangue causa a morte de diversas células do corpo e dificulta o trabalho do coração.

O cigarro contém, ainda, outros elementos tóxicos não cancerígenos. Eles causam irritação da mucosa dos brônquios, provocando paralisia e destruição dos seus cílios de revestimento e proteção, lesando, assim, as defesas e abrindo portas para a entrada de germes que alimentam infecções crônicas. Mesmo que se ministrem os medicamentos e antibióticos adequados, os pulmões perdem o contingente de defesa e não conseguem reagir.

São os cílios do aparelho respiratório que filtram o ar e toda poeira e micróbios, constituindo-se como protetores desse sistema. Algumas das substâncias lesivas desses filtros são: monóxido de carbono; ácido hidrociânico; amônia; óxidos de nitrogênio; e formaldeídos.

Um triste detalhe é que o monóxido de carbono, com toda a sua toxidade, é absorvido mais fácil e rapidamente do que o oxigênio. O cérebro sofre cruelmente as conseqüências de deficiência de oxigênio e a inundação de um gás tóxico asfixiante.

Além disso, vários desses elementos são irritantes e lesivos para as artérias, causando obstrução, impedindo o livre fluxo sangüíneo e favorecendo desde enfarte até grangrena nas extremidades, decorrente de falha circulatória.

## Efeitos tóxicos

*Ele ataca da forma mais nociva todos os sistemas do organismo.*

Não há como negar. Os males do fumo foram comprovados por mais de 60 mil pesquisas publicadas em diversos lugares do mundo pela Organização Mundial da Saúde (OMS). Tais pesquisas constatam que o tabagismo é responsável por 90% dos casos de câncer de pulmão e está ligado à origem de tumores malignos na boca, laringe, esôfago, pâncreas, rins e bexiga, além do colo do útero. O uso constante e intenso de cigarros é responsável também pelo desenvolvimento de doenças como faringite, laringite, bronquite, pneumonia, enfisema pulmonar, úlcera de estômago e duodeno, e de problemas cardiovasculares, como a angina, o infarto do miocárdio e o derrame cerebral.[27] Os fumantes sofrem ainda de falta de apetite, tremores, perturbações da visão, náuseas, dores abdominais, cefaléia, tonturas e fraqueza.

O fumo também está relacionado diretamente a 255 das mortes por doença coronariana: 85% das mortes por doença pulmonar obstrutiva crônica e 255 das mortes por doença cerebrovascular.[27] Dos seis tipos de câncer com maior índice de mortalidade no Brasil, metade (pulmão, colo de útero e esôfago) têm o cigarro como um de seus fatores de risco.

O que ocorre é que as substâncias tóxicas presentes no cigarro provocam, por um lado, diminuição da oxigenação dos tecidos, diminuição do HDL-colesterol (colesterol bom); e por outro, liberação e aumento de outras substâncias como LDL-colesterol (colesterol ruim), o que favorece grandemente a formação de placas de gordura nas paredes dos vasos sangüíneos. Essas substâncias são ainda responsáveis por arritmia cardíaca e por formação de coágulos na circulação sangüínea.

O filtro do cigarro protege de algumas substâncias cancerígenas (como as nitrosaminas), mas aumentam, por exemplo, a liberação do monóxido de carbono e alcalóides em geral. O efeito antiestrogênico (hormônio feminino), que protege naturalmente contra doenças cardíacas, aumenta o risco nas fumantes mulheres.

Veja, a seguir como as toxinas do cigarro agem em cada parte do corpo:

*Cérebro*: O fumo provoca reações violentas no sistema nervoso, causando a degeneração dos neurônios e aumentando os riscos de derrames cerebrais. Essa lesão é irreversível e pode resultar na diminuição da capacidade motora e de raciocínio. O monóxido de carbono, presente na fumaça do cigarro, causa dores de cabeça.

*Coração*: A nicotina provoca o endurecimento das artérias (arteriosclerose), fazendo o coração trabalhar mais depressa. Aumentam os riscos de ataques cardíacos, anginas, hipertensão e derrames cerebrais.

*Boca, garganta, laringe e esôfago*: Substâncias presentes na fumaça do cigarro, como a piridina e o alcatrão, mancham os dentes e deixam a língua mais áspera. Os riscos de desenvolver câncer nesses órgãos é muito maior entre os fumantes.

*Vias respiratórias*: A fumaça age no nariz e na garganta, bem como nos olhos, provocando alergias e diminuindo a mobilidade dos cílios pulmonares, responsáveis pela limpeza. As secreções acumulam-se, causando a tosse típica dos fumantes e abrindo caminho para a instalação de infecções respiratórias.

*Pulmão*: As toxinas do fumo prejudicam o trabalho do pulmão. A capacidade respiratória diminui e a oxigenação das células do organismo fica comprometida. A ação direta das toxinas nas células pulmonares favorece o surgimento de doenças, como a pneumonia; a bronquite crônica; o enfisema; e o câncer.

*Estômago e fígado*: As toxinas do fumo que chegam até o estômago com a saliva provocam a diminuição da secreção gástrica, dificultando a digestão e favorecendo o aparecimento de úlceras. No fígado, parte da nicotina é transformada em ácido úrico, substância nociva ao organismo, e aumentam as chances do desenvolvimento de doenças como a gota e o reumatismo.

*Pele*: Fumar favorece o aparecimento de rugas prematuras e da celulite e interfere na cicatrização das feridas cirúrgicas.

*Sistema Circulatório*: A contração dos vasos sangüíneos provocada pelo fumo dificulta a circulação sangüínea. A má circulação nos membros inferiores, especialmente nas pernas, aumenta o risco de insuficiência vascular periférica e formação de gangrenas. Fumar também triplica as chances de ocorrer um derrame cerebral, causado pela circulação deficiente no cérebro.

*Órgãos reprodutivos*: Nos homens, o fumo pode causar impotência sexual, em conseqüência da diminuição do fluxo sangüíneo no pênis, causada pela má circulação. Problemas de infertilidade e complicações durante a gravidez são mais comuns entre mulheres fumantes.[22]

## Fumantes são mais vulneráveis

*Viver menos e com menos saúde. Essa é a sina de quem ainda não largou o cigarro.*

A vulnerabilidade do fumante é revelada pelos seguintes dados:

- Um fumante moderado tem 18 vezes mais chances do que um não-fumante de adquirir câncer de pulmão; cinco a 17 vezes, câncer de laringe; duas vezes, de pâncreas; sete a dez vezes, de bexiga; e três a dez vezes, de boca.
- De cada 15 vítimas de câncer pulmonar, 14 fumam.
- Para quem fuma mais de 40 cigarros por dia, as chances de adquirir câncer pulmonar aumentam em 60 vezes.
- Como a nicotina estimula os sucos digestivos, mesmo em jejum, o fumante tem sete vezes mais chances de adquirir úlceras gástricas que os não-fumantes.
- Uma pessoa de 25 anos que fuma dois maços de cigarro por dia viverá 8 anos menos do que um não fumante da mesma idade.

- Cerca de 50% dos fumantes morrem de doenças associadas ao cigarro. Desses, metade perde, em média, 16 anos de vida.
- Mulheres fumantes têm 50% mais chances de sofrer com as cólicas menstruais. Isso acontece porque a nicotina dificulta a chegada de oxigênio ao útero, aumentando a dor.[27]

## Fumantes passivos também pagam o pato

*Motivos para permanecer bem longe dos cigarros acesos. E brigar pelos direitos dos não-fumantes.*

Os fumantes não são os únicos prejudicados pelo cigarro. A fumaça espalhada no ambiente agride a saúde dos não-fumantes que também aspiram suas substâncias tóxicas. A fumaça do tabaco queimado possui mais nicotina, alcatrão e monóxido de carbono do que a inalada pelos fumantes.

- Filhos de pais fumantes apresentam uma incidência três vezes maior de infecções respiratórias do que filhos de pais não-fumantes.
- Pessoas que não fumam, mas vivem situação de exposição à fumaça do cigarro, aumentam seu risco de câncer em 10% a 30%.

## Fumo na gravidez

*Você colocaria um cigarro na boca de um bebê recém-nascido? Pois é isso que fazem as gestantes que não conseguem deixar o cigarro.*

O hábito do fumo na gravidez pode ter como conseqüências partos prematuros e bebês com baixo peso, quando não abortos ou bebês natimortos, porque a quantidade de oxigênio e nutrientes para o feto ficam prejudicadas. Quando a mãe fuma durante a gravidez, as substâncias tóxicas do cigarro são repassadas ao feto através da placenta. A nicotina provoca aumento do batimento cardíaco do bebê e diminui a quantidade de oxigênio e nutrientes que chegam até ele. A criança pode nascer com peso e estatura reduzidos e apresentar alterações neurológicas importantes.

## O fumante e a aptidão física

*Exercícios e cigarro não combinam. A sorte é que, quanto mais você se exercita, mais sente disposição para abandonar o vício.*

Embora alguns autores não considerem a existência de provas conclusivas de que a prática de atividades físicas ajuda os fumantes a abandonar o cigarro, a maioria dos programas de interrupção inclui o exercício como um aliado importante. O mundialmente famoso Dr. Keneth Cooper escreveu que os fumantes que passam a praticar exercícios aeróbicos tornam-se mais conscientes do quanto o fumo diminuiu a sua habilidade de processar oxigênio. Rapidamente, notam que se cansam mais facilmente que seus companheiros de exercício, o que cria um forte desejo de parar de fumar.

A combinação exercício-fumo, no entanto, implica alguns desconfortos iniciais, o que explica, em parte, por que os fumantes são menos propensos a se exercitar.

São três os prejuízos principais que o fumo causa à atividade física:

- diminuição da capacidade pulmonar;
- diminuição do consumo máximo de oxigênio; e
- aumento do nível de monóxido de carbono no sangue.

O prejuízo do monóxido de carbono para a capacidade respiratória se dá, como já explicado, na medida em que as hemoglobinas presentes no sangue, em vez de transportarem oxigênio, transportam monóxido de carbono. Aproximadamente, 5% da hemoglobina é tomada pelo monóxido de carbono, por um período de até 5 horas após o consumo do cigarro, prejudicando por todo este período de tempo o rendimento do praticante do exercício e fazendo que qualquer esforço que ele faça seja mais difícil do que normalmente seria.

O exercício físico é prejudicado pelo fumo, também, quando a nicotina causa taquicardia (aceleração irregular do ritmo cardíaco) e aumento da pressão arterial, diminui a capacidade circulatória e, assim, faz que o músculo do coração necessite de mais oxigênio. Durante o exercício, a nicotina causa um aumento do acúmulo do lactato no sangue, que é uma substância que causa cansaço corporal e pode levar o praticante a abandonar mais facilmente a atividade física.

## O QUE ACONTECE COM QUEM PÁRA DE FUMAR

*Não é preciso muito tempo para desfrutar das vantagens de ser um ex-fumante.*

Os resultados imediatos ao ato de parar de fumar são:

- *após 20* **minutos,** sua pressão sangüínea e a pulsação voltam ao normal;
- **após 2 horas,** não há mais nicotina no seu sangue;
- **após 8 horas,** o nível de oxigênio no sangue se normaliza;
- **após 2 dias,** seu olfato já percebe melhor os cheiros e seu paladar já degusta a comida melhor;
- **após 3 semanas,** a respiração fica mais fácil e a circulação melhora; e
- **após 5 a 10 anos,** o risco de sofrer infarto será igual ao de quem nunca fumou.[27]

## Parar de fumar engorda?

*Controlar o peso é mais simples que administrar todos os males causados pelo cigarro.*

Um outro fator importante relacionado ao fumo é o ganho de peso. Quem nunca ouviu alguém dizer que não pára de fumar por medo de engordar muito? Infelizmente, isso é realmente verdade, mas ninguém pode justificar o hábito de fumar como um regime. Os benefícios à saúde de quem pára de fumar são incomparavelmente maiores do que para quem ganha alguns quilos.

Estudos mostram que 10% dos homens e 13% das mulheres que param de fumar ganham muito peso, em torno de 15 quilos. Dois terços daqueles que param de fumar irão ganhar peso, numa proporção maior quanto mais cigarros fumava. Os fumantes não só tendem a pesar menos que os não-fumantes, mas também tendem a ter menos gordura corporal, mesmo comendo as mesmas quantidades e se exercitando menos. Acontece que o fumo eleva o metabolismo corporal, que é a queima de energia nas células, de 6% a 10% e, quando se pára de fumar, essa taxa diminui.[27]

O que mais colabora para o aumento de peso é a maior ingestão de doces e outros alimentos muito calóricos, quando do abandono do fumo, dando ao ex-fumante cerca de 200 a 250 calorias a mais por dia. No entanto, para a maioria das pessoas que pára de fumar, o ganho de peso é pequeno e pode ser anulado com uma boa dieta e hábitos saudáveis, que incluem a prática regular de exercício.

## O EX-FUMANTE E A APTIDÃO FÍSICA

São pelo menos quatro os principais benefícios de parar de fumar e iniciar um programa de exercícios físicos.

- *Melhoria* do condicionamento físico. Os fumantes normalmente têm níveis de condicionamento físico ruins e, ao começar um programa de exercícios físicos, podem passar a melhorar mais rapidamente as suas condições pulmonares e cardíacas, aumentando sua força muscular e resistência.

- Diminuição do risco de doenças relacionadas ao fumo. O exercício regular diminui a presença de vários fatores de risco, reduzindo as possibilidades da ocorrência de algumas doenças respiratórias e circulatórias.

- Manutenção do peso corporal. O exercício consome calorias extras, que talvez o ex-fumante acumule com o fim de seu hábito. Caminhando aproximadamente cinco quilômetros por dia, uma pessoa queima o mesmo número de calorias que gastaria fumando um maço de cigarros, sem, é claro, todos os problemas do fumo.

- *Combate ao estresse.* Muitas pessoas usam o cigarro como uma válvula de escape para as pressões de seu dia-a-dia. O exercício pode ter o mesmo papel, aliviando as tensões e dando uma sensação de relaxamento e satisfação após a prática, sendo infinitamente mais saudável.

## Como superar a crise de abstinência

*Difícil, sim. Mas não é impossível ver-se livre do cigarro.*

No início, deixar de fumar pode ser bastante incômodo para quem já tinha um vício sedimentado. Um ex-fumante pode sentir insônia, nervosismo, irritabilidade, dores de cabeça, náuseas e até batimento descompassado do coração. Quem deixa de fumar pode ficar deprimido e, normalmente, tudo dá vontade de acender um cigarro.

Em contrapartida, as pessoas que abandonam o hábito de fumar ganham por volta de 15 anos a mais de vida, comparativamente à expectativa de vida de quando fumavam, ou à dos que se mantêm fumantes. Além disso, os cardíacos que interrompem o hábito têm grandemente reduzidas as presenças de arritmias, enfartes e risco de cirurgias.

A seguir, dicas para quem acredita nas vantagens de não fumar e quer superar esse mal:

- Tomar bastante líquido para eliminar maiores quantidades de nicotina pela urina;
- Evitar beber álcool, que normalmente dá vontade de fumar;
- Não tomar café depois das refeições;
- Logo que acabar de comer, escovar os dentes;
- Ter sempre à mão uma balinha ou um chiclete, que podem matar a vontade de fumar;
- Não achar que um cigarro só não vai fazer mal: o perigo é só começar.

# 6
# Beba com moderação ou não beba

*O álcool também é uma droga.*

O consumo de bebidas alcoólicas em reuniões, festas ou mesmo durante as refeições é um hábito aceito e até estimulado pela sociedade. Milhões de pessoas, em muitos países, ingerem algum tipo de composto alcoólico, ao menos uma ou duas vezes por semana. Mas é preciso lembrar que, assim como o cigarro e a maconha, o álcool também é uma droga e causa danos à saúde. Sob uma aparência inofensiva, o álcool está entre as drogas mais antigas da humanidade.

Se é droga, por que é permitida? Se é droga, por que é tão abertamente comercializada e consumida? E, antes: por que se bebe? Se você bebe, seja em que circunstância for, já parou para pensar para quê? Será que é pela mesma razão por que tomaria um suco, ou seja, porque é gostoso, ou porque está calor, ou para acompanhar uma refeição? Certamente não. O álcool é um companheiro animador de conversas, muito assíduo e bem-vindo, e cada vez mais cedo. Por que será? Será que as pessoas ficam mais interessantes quando o álcool está agindo?

O álcool é um veneno que libera dopamina (aquela droga interna do prazer) e faz você pensar que está se divertindo. Se numa festa os convidados sentem necessidade de se abastecer, continuamente, de alguma bebida alcoólica, para acharem que a festa está boa, o que aconteceria se não servissem álcool? Iriam todos embora, cheios de tédio? Ou existe diversão na ausência de álcool? Ora, é claro que existe! Então, em vez de ficar se enganando com venenos, vá estimular sua desinibição de outro jeito, vá se divertir de verdade, vá a lugares onde você se sinta realmente à vontade, onde você não precise forjar um sorriso, nem ficar se esforçando para entrar na dança.

A verdade é que, entre nós, há poucos que pensam assim. Você já deve estar me chamando de careta. Mas sabendo um pouco mais sobre o que está por trás dessa aparente normalidade do consumo de álcool, talvez, ocorram mudanças em sua maneira de pensar. Talvez, você até já saiba de tudo isso e necessite apenas de um apoio para evitar o álcool. Afinal, o hábito de beber é fundamentalmente cultural. Bebe-se socialmente, bebe-se porque todo mundo bebe, bebe-se porque o mercado de bebidas faz a sociedade pensar que não há mal nenhum em beber. Mas costumes mudam, com a ajuda do tempo ou de revoluções. Não custa tentar.

As origens do álcool e seu uso são incertos. Talvez sua origem seja egípcia. Existem referências à cerveja num papiro egípcio de 3500 a.C. e em documentos da Suméria, na Mesopotâmia, com mais de 3000 anos, revelando que a bebida já era consumida por esses povos há milênios. Foram também encontrados vestígios de vinho resinado no Irã, que, estima-se, foi produzido em torno 5000 a.C. Dos destilados, as referências datam de 800 a.C., na Índia, quando da fabricação do *arak,* bebida feita à base de anis, tendo se tornado típica dos povos árabes.

A cultura brasileira aceita o álcool, mas outras culturas se protegem dele. Em alguns países do oriente, é terminantemente proibido; nos Estados Unidos não é permitido transitar pelas ruas com uma garrafa ou um copo na mão, como acontece aqui em qualquer cidade. Em vários países, a tendência é pregar a moderação. Ou seja, admite-se que o consumo excessivo traz malefícios (individuais e sociais), e recomenda-se o bom proveito dos seus efeitos, com bom senso. Aqui, os rótulos e propagandas de bebidas alcoólicas já incluem conselhos de mãe, sugerindo a tal moderação. Mas qual é a medida do consumo moderado? Quando é seguro beber? Este é um parâmetro que, a julgar pelas bebedeiras dos adolescentes de hoje, muda muito de uma geração para outra.

Segundo uma pesquisa da Unesco com estudantes brasileiros, os jovens estão começando a beber cada vez mais cedo. Há dez anos, começava-se com 14; hoje, já há meninos com idades entre 10 a 12 anos consumindo álcool em *shows* e casas noturnas.[24] Para piorar, muitos bebem grandes quantidades, numa ânsia consciente de sentir os seus efeitos psicoativos.

## Os efeitos do álcool no organismo

*Por que é que ele "sobe" tão rápido, causando a embriaguez.*

O álcool ingerido atinge rapidamente a circulação sangüínea e é distribuído entre as células do corpo. Ao atingir o sistema nervoso, ele produz inicialmente um estado de euforia e desinibição, que é uma falsa sensação de energia e bem-estar causada pela ingestão de calorias (1g de álcool produz 7 calorias) e pela deficiência de um neurotransmissor chamado GABA.[18] Em pouco tempo, segue-se um efeito depressivo sobre o cérebro, provocando, mesmo em doses pequenas, a diminuição da coordenação motora e dos reflexos.

O fígado é o responsável pela metabolização do álcool, transformado-o em energia para as células do corpo. Para processar oito gramas de álcool, o fígado leva, em média, uma hora. Por isso, quanto maior a quantidade de bebida ingerida, maior a duração dos efeitos no organismo.

Os efeitos da bebida dependem do nível de álcool no sangue. Esse nível aumenta a cada dose ingerida e sobe mais rapidamente quando tomamos uma dose muito depressa, pois o organismo tem menos tempo para distribuir o álcool entre os tecidos do corpo. Quanto maior o teor alcoólico da bebida, mais rapidamente ela será absorvida, aumentando dessa maneira o nível alcoólico no sangue. A quantidade de alimentos consumida antes e durante a ingestão do álcool e o peso da pessoa, também, têm influência no nível alcoólico.

O teor alcoólico é a quantidade de álcool presente numa bebida. Ele varia de acordo com a marca e o tipo. A cerveja, por exemplo, apresenta baixo teor alcoólico, cerca de 8%. Os vinhos têm cerca de 10% de teor alcoólico. Um cálice da bebida contém aproximadamente oito gramas de álcool. Já os destilados, como o uísque e a cachaça, têm teores alcoólicos mais elevados, podendo chegar a 45%.

O quadro a seguir mostra os efeitos do álcool, à medida que aumenta sua dosagem no sangue.

Quadro 1 – Etapas da Embriaguez[18]

| **Dosagem (em gramas de álcool por litro de sangue)** | **Tipos e quantidades de bebida Equivalentes** | **Efeitos** |
|---|---|---|
| 0,2 a 0,3 | 1 copo de cerveja, 1 cálice pequeno de vinho, 1 dose de bebida destilada | As funções mentais começam a ficar comprometidas. O indivíduo começa a se sentir relaxado e a percepção de velocidade e de distância é prejudicada. |
| 0,3 a 0,5 | 2· copo de cerveja, 1 cálice grande de vinho, 2ª dose de bebida destilada | A capacidade de raciocínio e a coordenação motora diminuem. O indivíduo anda sem firmeza, tem dificuldade para falar e para calcular distâncias. |
| 0,51 a 0,8 | 3 a 4 copos de cerveja, 3 cálices de vinho, 3 doses bebidas destiladas | Os reflexos ficam retardados e surgem as dificuldades de adaptação da visão à luminosidade do ambiente. O indivíduo perde a capacidade de avaliar riscos e pode se tornar agressivo. |
| 0,8 a 1,5 | Quantidades superiores a 5 copos de cerveja, 4 cálices de vinho, 4 doses de bebidas destiladas | O indivíduo tem dificuldade de concentração e a memória fica comprometida. A coordenação neuromuscular começa a apresentar falhas. |
| 1,5 a 2,0 | Grande quantidade de bebida | Embriaguez, torpor alcoólico,dupla visão. |

## Os perigos do excesso

*Cirrose, hepatite e câncer são só alguns deles.*

O grande perigo da ingestão de bebidas alcoólicas é passar do consumo social ao consumo habitual e excessivo. Algumas pessoas passam a beber maiores quantidades, com intervalos menores e em horas impróprias, prejudicando suas atividades normais. Seu organismo torna-se tolerante à bebida, exigindo quantidades cada vez maiores para manter seus efeitos.

O consumo contínuo de álcool representa riscos graves à saúde. Além de favorecer o desenvolvimento de doenças do fígado, como a cirrose e a hepatite, o consumo excessivo de bebida também está relacionado ao surgimento do câncer, especialmente nos órgãos do sistema digestório.

O cérebro é outro grande prejudicado pelo álcool. Seja em bebidas destiladas ou mesmo na cerveja, ele produz, com o tempo, danos permanentes ao sistema nervoso. As maiores lesões acontecem na região do tálamo, que é responsável pela distribuição dos impulsos nervosos às regiões do cérebro. Os prejuízos ao cérebro são crônicos e o estrago é tanto maior quanto mais cedo se tenha adquirido o hábito de beber.

Segundo o médico norte-americano Brian J. Sharkey (1997), o mau uso do álcool causa 100 mil mortes por ano nos EUA, incluindo as que envolvem acidentes.[5]

# ALCOOLISMO É DOENÇA

*Quando a dependência se instala.*

O alcoolismo é considerado pela OMS (Organização Mundial da Saúde) como a terceira doença que mais mata, logo após as doenças cardíacas e câncer. Segundo a Americam Society of Addiction Medicine (ASAM), o alcoolismo é uma doença crônica primária, caracterizada por incapacidade de limitar e controlar a ingestão de bebidas alcoólicas. É chamado também de atitude pré-patológica, pois pode acarretar outros tipos de doenças, e, em alguns casos, caracteriza-se como uma doença de origem psíquica, sendo desencadeada por anomalias anteriores.

> *A expectativa de vida de um alcoólatra é reduzida em dez a doze anos em comparação a uma pessoa que não bebe.*[18]

Estudos indicam que filhos de pais alcoólatras, por exemplo, têm uma tendência maior a desenvolver alcoolismo e geralmente possuem baixos níveis do neurotransmissor GABA, responsável por regular a ansiedade e que aumenta com a ingestão de álcool.

O que leva ao alcoolismo é o consumo exagerado. A bebida atinge seu potencial de dependência em cerca de 10% dos casos. Nesse estágio, o álcool ataca a estrutura dos neurônios e afeta permanentemente a comunicação entre eles. Cerca de 15% da população brasileira é alcoólatra. Dados obtidos em outros países giram em torno de 12% a 13%. [30]

O alcoólatra deve ser visto como alguém que precisa de ajuda médica. Tratamentos à base de remédios e acompanhamento psicológico ajudam o dependente a se livrar da bebida. O doente também pode procurar ajuda em entidades como a Associação Internacional dos Alcoólatras Anônimos (AA).

## Danos ao organismo

*Como o consumo crônico de álcool pode afetar cada pedacinho do seu corpo.*

Muitas doenças são causadas pelo uso contínuo do álcool. A bebida ingerida em excesso prejudica o funcionamento do organismo e pode provocar desde um simples mal-estar, até a falência múltipla dos órgãos e a morte. O álcool também está vinculado ao aparecimento de doenças, como cirrose, gastrite, anemia, úlceras cutâneas e a deficiência das vitaminas B1, B2, B6, B12 e C. Descubra os danos que ele pode causar em cada parte do corpo.

*Cérebro*: A ingestão excessiva de álcool facilita o aparecimento de lesões cerebrais e a destruição dos neurônios. Surgem problemas como a perda da memória e a diminuição da capacidade de aprendizado, além de distúrbios emocionais e neuromusculares. Em estágios avançados, as lesões podem levar à demência e até mesmo à morte.

*Coração*: O álcool acelera o trabalho do coração (mesmo quando em repouso), aumenta a freqüência cardíaca e o consumo de oxigênio pelo músculo cardíaco. A sobrecarga no órgão causa arritmia, pressão alta, ataques cardíacos e mesmo derrames cerebrais.

*Boca, garganta e esôfago*: O risco de câncer nesse órgãos é maior entre os alcoólatras. Há também a chance do surgimento de varizes nas paredes internas do esôfago, que se dilatam e sangram com facilidade.

*Estômago*: O álcool dificulta a digestão e irrita a parede do estômago, favorecendo o surgimento de gastrites e úlceras.

*Fígado*: A sobrecarga no fígado causa a morte gradativa das células desse órgão. É comum o surgimento de doenças como a cirrose, a hepatite e o câncer.

*Pâncreas e intestinos*: Pancreatites e úlceras pélvicas, resultantes do abuso do álcool, provocam fortes crises de dores abdominais. A absorção dos nutrientes pelo intestino delgado torna-se deficiente, passando o alcoólatra a sofrer de carência de alguns nutrientes essenciais.

*Pele*: Os capilares subcutâneos também sofrem com os efeitos do álcool. A pele torna-se avermelhada em virtude dos danos causados a esses vasos sangüíneos.

*Nervos*: O excesso de álcool provoca lesões temporárias e permanentes nos nervos, responsáveis por tremores musculares, que dificultam a realização de tarefas que exijam precisão.

*Órgãos reprodutivos*: Nas mulheres, o excesso de álcool causa distúrbios menstruais, facilitando o surgimento de doenças intra-uterinas. Nos homens, pode levar à impotência e à infertilidade.

*Sistema imunológico*: Os glóbulos brancos, responsáveis pela defesa do organismo, têm sua atividade prejudicada pela ingestão de álcool, o que diminui a resistência do organismo a infecções.

*Na gravidez*: O consumo de álcool durante a gravidez pode causar a Síndrome de Alcoolismo Fetal, que provoca distúrbios mentais no bebê, como o retardamento. A criança também pode apresentar anormalidades físicas e problemas de aprendizado e comportamento, além de vários e distintos problemas emocionais.[31]

## Álcool e exercícios

*Ele atrapalha a sua rotina de atividade física. E ainda pode fazer você ganhar peso.*

Algumas bebidas, como a cerveja e o vinho tinto, possuem valores nutricionais, como vitaminas, minerais, carboidratos (o que já não ocorre com as bebidas destiladas). O alto nível energético e a rápida absorção do álcool pelo organismo fazem que muitas pessoas acreditem que as bebidas alcoólicas ajudam a melhorar o desempenho físico. O que acontece, porém, é exatamente o contrário.

Por ser um agente depressor das atividades cerebrais, o álcool prejudica as funções fisiológicas solicitadas durante a execução dos exercícios físicos; assim, habilidades como equilíbrio e coordenação motora tornam-se deficientes.

O álcool também provoca a aceleração do trabalho cardíaco, diminuindo a quantidade de sangue e oxigênio que chega até os músculos. A potência e a resistência muscular, assim como a capacidade cardiovascular, ficam reduzidas. E, para quem pretende emagrecer, um aviso: além de ser bastante calórica, a bebida também reduz a capacidade de metabolizar gorduras.

Mais: parte do álcool processado pelo fígado é transformado em ácido lático, substância que pode potencializar dores musculares e cansaço. Pode provocar ainda dores nas articulações, pois inibe a excreção do ácido úrico, substância altamente tóxica, normalmente eliminada na urina.

O álcool é lesivo ainda como inibidor do hormônio antidiurético, levando a uma maior excreção de urina e possível desidratação, e como dilatador de vasos sangüíneos periféricos, principalmente da pele, favorecendo a perda de calor.

## Quem não bebe também sofre

*Você não precisa tomar nem um golinho de bebida alcoólica para tornar-se vítima.*

As estatísticas comprovam que o consumo excessivo de álcool não prejudica apenas a saúde, mas também é o responsável por sérios problemas sociais, como o aumento da violência e do número de mortes entre jovens:

- Nos países desenvolvidos, o consumo de bebidas alcoólicas está relacionado a 50% dos homicídios, 30% dos estupros e 25% dos homicídios.

- Uma pesquisa realizada em cinco capitais brasileiras constatou que 45% dos jovens entre 13 e 19 anos, envolvidos em acidentes de trânsito, haviam consumido bebidas alcoólicas.
- Em 2000, os acidentes de trânsito em estradas brasileiras mataram 6.543 pessoas; 2.883 delas tinham entre 15 e 34 anos e 1.441 estavam alcoolizadas.
- Motoristas alcoolizados são responsáveis por 65% dos acidentes fatais na cidade de São Paulo.
- O Brasil gasta cerca de 7,3% de seu Produto Interno Bruto (PIB) para tratar os problemas relacionados ao álcool.

A combinação volante-bebida tem-se mostrado um dos mais graves efeitos colaterais do álcool. Cerca de 1/3 dos acidentes de trânsito com vítimas fatais ocorre porque o motorista está alcoolizado. No Brasil, o nível alcoólico máximo permitido é de 0,6 gramas por litro de sangue – equivalente a beber cerca de 600 ml de cerveja (duas latas de cerveja ou três copos de chope), 2.000 ml de vinho (dois cálices).[33]

## Mudança de atitude

*Manter distância do álcool exige comprometimento e força de vontade.*

Para quem pretende parar de beber ou, pelo menos, começar diminuindo as quantidades de bebida, algumas dicas que podem ajudar:

- Escolher drinques com menor teor alcoólico ou misturá-los com soda ou refrigerantes;
- Beber outro líquido antes da bebida alcoólica;
- Aprender a controlar o quanto bebe e evitar ultrapassar o próprio limite de forma consciente;
- Controlar a rapidez com que se ingere a bebida e fazer pausas entre os goles e entre as doses;
- Saber recusar. Saber recusar é respeitar-se com convicção.

Para os jovens e para os pais, vale lembrar algumas dicas específicas: filhos de pais com tendência ou hábito alcoólicos devem evitar beber. Alguns pais incentivam seus filhos ao consumo de alcóol por considerarem menos danosa a bebida que outras drogas, mas é preciso cuidado, pois o limite entre o hábito regular e a dependência é muito tênue.

Diante de qualquer sinal de problemas com excesso de bebida, seja seu próprio ou de familiares ou amigos, é aconselhável procurar os tratamentos já mencionados anteriormente.

# 7
# Fique longe das drogas

*Elas oferecem prazer imediato. Mas, a longo prazo, representam riscos gravíssimos para a sua saúde.*

*Você tem sede de quê?*
*Você tem fome de quê?*
*A gente não quer só comer*
*A gente quer comer, quer fazer amor.*
*A gente não quer só comer.*
*A gente quer prazer pra aliviar a dor.*
*A gente não quer só dinheiro.*
*A gente quer dinheiro e felicidade.*
*A gente não quer só dinheiro.*
*A gente quer inteiro e não pela metade.*
*Comida* (Titãs).

## "Você tem fome de quê?"

A vida é um enorme supermercado, onde a gente escolhe e leva para casa aquilo de que precisa, ou coisas que nos oferecem e nos dão vontade de consumir na hora, por impulso, mesmo que não sejam realmente necessárias. E o grande supermercado da vida está aí mesmo para atender às diferentes necessidades das pessoas, embora o que todo mundo quer seja mais ou menos a mesma coisa. Afinal, o suprimento básico de todo ser humano é nada mais do que alimento, água, ar puro e amor, com suas variações de sabor.

De sensações. De prazer e alívio. Fome de lazer, de amizades, de inclusão social, de prestígio. Fome de beleza, de *glamour*, de *status*. Fome de mais saúde, de mais disposição, de mais vontade de viver. Fome de tempo, de conhecimento, de arte, de idéias. Fome de consumo, de dinheiro, de viagens, de novidades. Fome de desafios, riscos, de vitórias. Fome de fazer parte do mundo. De algum mundo. Do seu mundo.

Todos vão ao supermercado quando têm fome de alguma coisa. O supermercado reúne quase todo tipo de suprimento para quase todo tipo de fome. E cabe ao consumidor escolher como vai matar sua fome. Se for fome do estômago, pode saciá-la com biscoitos recheados, ou frutas, ou pão, ou pizza, ou palmito em conserva, ou churrasco, ou sorvete. Se for fome de aliviar uma dor de cabeça, pode optar por um remédio de efeito rápido (uma aspirina), ou procurar uma explicação para a dor e mirar direto na causa dela, que pode ser simplesmente a necessidade de dormir mais. Se for fome de relaxar, pode tentar chá de camomila ou cidreira, maracujá, "maconha", yoga ou uma rede num chalé no alto de uma colina. Se a fome pede animação e diversão, a oferta de suprimentos é vasta: *shows* musicais, aglomerações de diversos tipos, televisão, campeonatos esportivos, grupo de amigos, cafeína, drogas pesadas, cachorro e por aí vai.

As drogas ocupam uma das gôndolas desse enorme supermercado. Assim como todas as outras coisas, elas estão ali expostas à disposição do consumidor interessado. Pega quem quiser. Elas têm sua propaganda. Prometem delírios alucinantes, momentos de paz, alívios, estímulos, tudo ao gosto do freguês. E não raro agradam. A propaganda não é de todo enganosa; de fato proporcionam uma boa gama de prazeres. Tanto que têm seus consumidores fiéis e também os curiosos de passagem, movidos pela propaganda boca-a-boca ou pelas amostras grátis que se distribuem em todos os lugares. A procura e o uso de drogas têm uma motivação plenamente justificada pela busca de alívio e prazer. E esse prazer é real e intenso. Não é verdade que as drogas só trazem desprazer e dor.

Apesar de agirem por meio de mecanismos diferentes entre si, todas as drogas agem sobre o centro de recompensa do cérebro, seja estimulando a liberação ou retardando a reabsorção da *dopamina*, uma substância química natural no organismo, que tem a função de neurotransmissor. A cocaína, por exemplo, impede que a dopamina seja absorvida pelos neurônios no tempo normal de reabsorção. A dopamina permeia todas as sensações prazerosas, desde o prazer do paladar até o prazer sexual.

Por que será que as drogas vêm ganhando espaço em detrimento de outras fontes de satisfação? Se o supermercado continua repleto de ofertas, se o ser humano evolui e adquire conhecimentos, se a criatividade humana continua criando novidades bastante atraentes e bem menos custosas do que as drogas, o que é que torna justamente as drogas em opções preferíveis? O que será que está acontecendo com os demais corredores do supermercado? Será que a propaganda das drogas anda mais eficiente?

Há quem associe o sucesso das drogas a seu efeito imediato. Afinal, em comparação com outros matadores de fome de distração, como uma festa, por exemplo, o ecstasy é bem mais rápido e garantido. Nem sempre um jovem tímido consegue fazer amigos e dar muita risada numa festa se estiver sóbrio, ao passo que o ecstasy lhe causaria euforia e desinibição. Algumas influências sociais também favorecem essa busca. Na sociedade atual, o conceito de felicidade está associado ao consumismo e à meta de abolição de tristeza e solidão, o que traz a idéia de ser possível "comprar" doses de felicidade ou "anestesiar" e "sedar" tristeza, dores emocionais e solidão.

## Você depende de quê?

*As drogas mexem com os mecanismos mais sensíveis do seu organismo. Por isso, viciam e desestabilizam o seu equilíbrio.*

As sensações prazerosas despertadas pelas drogas aumentam proporcionalmente ao tamanho das doses dos neurotransmissores. Só que, gradativamente, serão necessárias doses maiores para se obter o mesmo efeito, ocasionando uma acomodação do organismo. E aí se estabelecem o curto-circuito e o círculo vicioso da dependência. A busca pela sensação inicial de prazer causada pela droga em muitos casos nunca mais se repete, mas a esperança de senti-la de novo alimenta o uso continuado. São doses cada vez maiores com intervalos menores, até que a droga literalmente toma conta da mente do usuário, substituindo os mecanismos normais de funcionamento do cérebro.

Embora o risco de dependência seja grande, não é sempre que a pessoa se vicia na droga. Isso porque não é a droga que vicia; é a pessoa quem se vicia na droga.

A medida do grau de dependência está ligada ao grau de controle que o indivíduo tem da sua vida e da proporção da interferência da droga sobre ela. O usuário de drogas psicotrópicas pode se tornar dependente químico tanto quanto uma moça pode criar dependência do namorado, ou um aposentado, do bingo. Há pessoas mais ou menos passíveis de se viciar. De qualquer forma, a dependência de drogas, sejam elas quais forem, legais ou ilegais, causa prejuízos em todos os aspectos da vida, sejam físicos, psicológicos, familiares, profissionais, financeiros...

Pesquisas feitas com usuários de drogas mostraram que muitos não se tornam dependentes. O quadro abaixo mostra a porcentagem média de usuários que se torna dependente, por tipo de droga.

Quadro 2 – Porcentagem média de usuários que se tornam dependentes[34]

| Tipo de droga | Forma de utilização | Porcentagem média de usuários |
|---|---|---|
| maconha | cigarro | 7% |
| cocaína | aspirada em pó | 40% |
| crack | fumado em pedra | 70% |
| nicotina | cigarros | 90% |
| álcool | líquido | 10% (na população brasileira) |

Note que o maior contingente de viciados corresponde aos fumantes dos "inocentes" cigarros de tabaco. Um grande número de pessoas depende de drogas permitidas legalmente e bastante difundidas, como cigarro, álcool e cafeína. Há até quem seja viciado em drogas sem saber, pois substâncias contidas em muitos medicamentos bastante usados pela população, também, levam à dependência, como os barbitúricos (drogas sedativas prescritas em geral para insônia e para epilepsia), tranqüilizantes com benzodiazepina e os corticoesteróides.[34]

## Leia a bula

*Fique sabendo quais os efeitos das drogas mais conhecidas e utilizadas no corpo humano.*

A seguir, um resumo dos efeitos dos tipos mais usados de drogas lícitas e ilícitas. Com essas informações em mãos, você certamente não vai querer entrar nessa.

*Anfetaminas*: Fortes estimulantes, bastante difundidas pelas suas propriedades de diminuição do apetite. Elas são procuradas porque produzem sensações de excitação, disposição e euforia, diminuindo a fadiga e o cansaço e gerando hiperatividade. As anfetaminas provocam a secreção de altas doses de dopamina e noradrenalina. Estimulam o sistema nervoso central, aumentam a velocidade de trabalho do cérebro e a pessoa sente-se acesa. Insônia, tremores e diarréia são alguns de seus efeitos colaterais. O uso contínuo pode estimular violência e alucinações, e causa aumento de pressão sangüínea, taquicardia e até delírios persecutórios. São necessárias doses cada vez maiores para alcançar o efeito inicial.

*Barbitúricos*: São procurados pelas suas propriedades calmantes e relaxantes. Eles causam sonolência, perda de equilíbrio e da coordenação motora, além de dependência física. Podem levar a fortes crises de abstinência, se o seu uso for interrompido bruscamente.

*LSD* (ácido lisérgico): Droga de alto efeito alucinógeno. Uma única dose pode causar efeitos retroativos com repetição de seus efeitos alucinógenos ("viagens"). Às vezes, doses de 20 a 50 milionésimos de grama produzem alterações mentais, como delírios, ilusões e alucinações, cujo tempo de efeito pode atingir até mais de 14 horas. Há também a volta do efeito, chamada de *flashback*. Causa ainda fenômenos sinestésicos, uma espécie de transposição de sentidos, como a sensação de um som que adquire cor. E as impressões tornam-se sensações de grande impacto, como uma expressão facial (caricatura viva) ou um tom de voz. Os efeitos colaterais são sudorese, taquicardia, aumento de temperatura e dilatação da pupila. Não causa dependência física nem crise de abstinência, como as anfetaminas e barbitúricos.

*Ecstasy*: Droga que produz efeitos psíquicos próximos aos do LSD. A base do ecstasy é a metilemedioxi-metanfetamina (MDMA), classificada como "perturbador" sintético. É alucinógeno estimulante. A metanfetamina é o responsável pela função estimulante. Ela causa fortes efeitos colaterais, como taquicardia, desidratação e até mesmo parada cardíaca.

É justamente a associação dos efeitos alucinógenos com os estimulantes que explica a sua preferência como a droga que embala festas e casas noturnas. Os efeitos prazerosos são de euforia, falso bem-estar e total desinibição. Seus efeitos podem durar até dez horas.

O ecstasy foi utilizado em 1912 na medicina, patenteado pelo laboratório Merck, como complemento de psicoterapia e inibidor de apetite. A MDMA estimula a liberação de toda a dose de serotonina contida nos neurônios, mesmo na ausência de impulso nervoso. Quando liberada excessivamente, a serotonina liga-se a um maior número de receptores no cérebro.

Os prejuízos são risco de danos nas terminações dos neurônios, perturbando julgamento e memória. Pode levar à degeneração muscular, convulsões, problemas renais graves e coagulação sangüínea. Também pode gerar insônia, pânico, confusão, ansiedade, depressão e paranóia, entre outros. Quando ingerido com bebidas alcoólicas, pode causar choques respiratórios.

*Maconha*: Muito popular, extraída de uma planta chamada *cannabis sativa*, possui aproximadamente 60 substâncias canabinóides, das quais a mais ativa é o tetrahidrocanabinol (THC), que também é encontrado no haxixe (mais potente que a maconha). O THC (delta 9 - tetrahidrocanabinol) atua nos receptores de anandamida e altera o funcionamento de neurônios que contêm dopamina e serotonina. Afeta todos os neurônios que liberam dopamina e os do hipocampo (memória) e cerebelo (coordenação e equilíbrio).

*Efeitos da maconha*: O THC aumenta a sociabilidade, provoca prazer e letargia, aumenta o apetite e tem efeitos sedativos. Alivia a náusea causada pela quimioterapia em portadores de câncer, aumenta o apetite dos portadores de HIV, diminuindo a taxa de mortalidade por inanição e diarréia (que ocasionam uma perda média de 4 quilos por mês), ameniza espasmos musculares dos pacientes com esclerose múltipla e problemas graves de coluna; também reduz a pressão do globo ocular, prevenindo o glaucoma, e funciona como dilatador dos brônquios (embora a fumaça seja tão nefasta para o sistema respiratório quanto a do cigarro comum).

Perda de memória; possibilidade de redução da produção de linfócitos pelo baço; danos irreversíveis no cérebro ainda não conhecidos; diminuição da motivação e capacidade de desempenho. Ela pode causar hipertensão transitória e hipotensão, quando o consumo é regular. Pode causar a chamada síndrome amotivacional, um estado de apatia que atrapalha o desempenho cerebral, com prejuízos no rendimento escolar ou no trabalho. Atinge de 1% a 10% dos usuários.

Alguns componentes do THC aparecem na urina mesmo vários dias após seu uso. Isto significa que sua eliminação não é imediata, portanto, tem permanência e ação prolongada. Também se observa diminuição da taxa de testosterona e baixa no número de espermatozóides, efeito que desaparece quando seu uso é interrompido.

Exite também o risco de câncer, pela presença de benzopireno, substância cancerígena encontrada tanto no tabaco quanto na maconha. Quando ingerida ou usada em doses acima de 20 mg de THC, pode produzir idéias paranóicas. Após essa dose, se repetida, pode levar a graves quadros psicóticos.

Enfim, a maconha possui efeitos bastante potentes quimicamente e, por isso mesmo, pode ser útil quando indicada como medicação e dentro da medicina, mas seu uso regular pode trazer prejuízos, que passam despercebidos sob a aura da droga natural.

*Cocaína*: A cocaína pode ser obtida a partir das folhas da planta de coca, planta usada há 2000 anos pelos habitantes dos Andes. Após o processo de refinamento, ela adquire a forma de pó (sal), cujo uso pode se dar por aspiração, ou injeção, ou em pedra (base), ou ainda em pasta (mescla), sob a forma de fumo. É um forte estimulante e euforizante. Quando aspirada, o efeito demora de 10 a 15 minutos para se iniciar, tendo uma margem de duração de 20 a 45 minutos. Quando injetada, o seu efeito leva de 3 a 5 minutos para se iniciar e dura de 10 a 15 minutos. Os efeitos do *crack* se iniciam muito mais rapidamente (após 10 a 15 segundos) e têm menor duração (de 5 a 10 minutos).

A cocaína sc torna o total centro de interesse do usuário, pois termina se constituindo na forma mais fácil de obtenção de prazer, propiciando o melhor resultado com o menor gasto de energia. Com o *crack*, isto se enfatiza ainda mais, pois o prazer é imediato e sua intensidade, muito maior.

A droga faz os vasos sanguíneos do cérebro se contraírem, prejudicando a execução de tarefas e a capacidade de julgamento. As altas quantidades de dopamina liberadas no início terminam reduzindo-se de forma bastante acentuada e grave, dando lugar à crises de depressão e agressividade. A cocaína ainda pode provocar grandes alterações na circulação do cérebro diminuindo a capacidade de concentração, memória e cognição. Ela pode ter também um efeito residual. A repetição de doses traz efeitos desconfortáveis: desde náusea, hipertensão, taquicardia, convulsões, até a contração do músculo cardíaco e morte. Seu uso prolongado pode trazer problemas cardíacos.

Existem tratamentos de usuários de drogas pesadas que consistem, em determinadas etapas, na substituição gradual das drogas mais pesadas por drogas mais leves. Ainda não se encontrou, no entanto, substituto para a cocaína.

*Crack*: A pedra de crack consiste na associação de cocaína e bicarbonato de sódio. Embora o efeito seja bastante parecido com o do pó (cocaína), é muito mais intenso e mais rápido. Isso porque a cocaína, quando fumada, não é metabolizada pelo fígado, o que a torna mais potente. A dependência psíquica pode se estabelecer quase imediatamente depois das primeiras experiências. Os usuários buscam freqüente e compulsivamente repetir a sensação causada pelo crack. Existem relatos de usuários que usam uma média de 24 pedras de crack por noite. Ou que passam dias seguidos fumando a pedra.

*Heroína*: Desenvolvida a partir da morfina, que, por sua vez, é um derivado do ópio, substância extraída da papoula, que age como depressora do sistema nervoso central, causando entorpecimento. No início acreditava-se que a heroína poderia substituir a morfina, mas logo se percebeu que seu uso contínuo causa grave dependência física.

A heroína pura é usada na forma de pó. Pode ser aspirada ou fumada. É mais comum ser injetada, trazendo estados "nirvânicos" e euforia. Como todos os opiáceos, com a heroína também ocorre o fenômeno da tolerância do organismo, sendo necessárias doses cada vez maiores para se obter o mesmo efeito. De 4 mg iniciais pode-se chegar até 450 mg após instalação da dependência e tolerância. Sua crise de abstinência é violenta e de intervalo médio de 18 horas. Sua falta detectada no organismo causa medo, angústia e apatia, além de dores no corpo, letargia, distúrbios e contrações no aparelho digestório (sintomas também descritos por Baudalaire).

*Solventes*: Substâncias como a cola de sapateiro, fluidos de limpeza ou anestésicos, utilizados por meio de inalação. Trazem sensação de bem-estar e alucinações. Provocam dilatação das pupilas e vasodilatação periférica. Seu uso contínuo pode inflamar e ferir as mucosas bucal e nasal. Pode causar danos irreversíveis no cérebro e lesar fígado e rins.[34]

## Esteróides anabólicos

*São drogas, sim. E podem produzir tantos malefícios quanto as outras que você já conhece.*

Se, ao ler o título, você logo se perguntou, "ué, o que os anabolizantes estão fazendo aqui, no capítulo das drogas?", fique sabendo desde já: eles pertencem à categoria das drogas ilícitas, e seu uso deve ser combatido, pois os perigos que elas apresentam em médio e longo prazo são bem maiores e bem menos controláveis do que os ganhos.

Os chamados anabolizantes são ingeridos ou injetados por um número crescente de jovens, a maioria interessada nos seus efeitos estéticos. Com algumas doses semanais e um treinamento regular, garotos até então magros exibem rapidamente corpos musculosos e modelados, ou seja, exatamente como dita o padrão de beleza de nossa época. O efeito externo chega a ser impressionante. Geralmente as drogas anabolizantes provocam um grau de hipertrofia que, por razões genéticas, não seria alcançado por métodos naturais, nem mesmo com o auxílio de suplementação alimentar. Logicamente, o usuário fica deslumbrado com o resultado. Olha-se no espelho e se admira com orgulho. Mas, talvez, as possíveis formas perfeitas que se vêm do lado de fora ocultam o estrago que acontece por dentro. Como os prejuízos nem sempre se manifestam logo, costuma ser difícil convencer os novos adeptos da droga de que ela não é a maravilha que eles imaginam.

O nome correto desse tipo de droga é *esteróide anabólico androgênico*. Trata-se de uma versão sintética (ou seja, uma imitação) de hormônios produzidos pelo organismo, ligados à função sexual masculina. A imitação tem, portanto, as mesmas funções dessas substâncias. Lembremos algo sobre elas: as glândulas sexuais e as suprarrenais secretam hormônios classificados como esteróides, os quais se subdividem em estrógenos, andrógenos e cortisona. Dentre os esteróides andrógenos (responsáveis por características e funções masculinas, mas presentes também nas mulheres, embora em menor quantidade), está o grupo dos esteróides anabólicos, que se encarregam, entre outras coisas, do aumento da massa muscular (inclusive o crescimento normal), ou seja, do anabolismo muscular.

Os esteróides anabólicos interferem na síntese de proteínas. Como o organismo já produz seus próprios esteróides e para isso, já obedece ao estímulo do treinamento físico, aumentando o anabolismo das fibras musculares, o uso dos esteróides acrescenta trabalho para as células, que acabam superprovidas de proteínas. Lembre-se de que as células musculares não se multiplicam; logo, só lhes resta aumentar seu tamanho.

O aumento do nível de hormônios além do normal causa diversos efeitos no organismo, que variam de uma pessoa para outra, conforme seu material genético e, também, conforme sua alimentação, seus hábitos e os medicamentos que toma. O aumento da massa muscular é apenas um desses efeitos. Paralelamente à hipertrofia, ocorrem outras alterações. Se pensarmos nas funções com que estamos mexendo, nem poderemos dizer que elas são inesperadas. Como os hormônios em questão são responsáveis pela identidade masculina do indivíduo, é natural que um aumento nos níveis desses hormônios acarrete, por exemplo, uma voz mais grossa e o surgimento ou desenvolvimento de pêlos espessos, inclusive nas mulheres. Outras conseqüências comuns do uso de esteróides andrógenos são mudanças comportamentais, como impulsos para a violência decorrentes do aumento da agressividade.

É muito limitado enxergar o esteróide anabólico como um mero embelezador. Essas drogas não são produtos cosméticos! São substâncias que interferem no funcionamento do corpo e da cabeça, capazes de transformar uma pessoa de forma bastante traumática. Não são raros os casos de mulheres usuárias que começaram a adquirir aparência viril, às vezes, mais masculina que a de muitos homens, com direito a queixo largo e barba no queixo. Também não são casos isolados os atletas que já foram hospitalizados com sérios danos renais e hepáticos (inclusive câncer), que se somam a problemas, como calvície avançada; acne severa; hipertrofia da próstata; hipertensão; tremores; retenção de líquidos; dores nas juntas; aumento da pressão sangüínea; aumento do colesterol ruim e baixa no colesterol bom; dor de cabeça, entre outros. Muitos dirão que nunca apresentaram nenhum desses sintomas, e não estarão mentindo. Mas isso não os livra do perigo. Como foi dito anteriormente, os efeitos variam bastante de uma pessoa para outra, e as conseqüências podem não ser imediatamente associadas à ação dos esteróides. Sem falar nos perigos das dezenas de drogas ilegais que entram no mercado, por meio de comerciantes e instrutores de musculação de profissionalismo duvidoso.

Outros efeitos graves do uso prolongado ou muito freqüente, já relatados, incluem redução no tamanho dos testículos e no número de espermatozóides; impotência; infertilidade; desenvolvimento de mamas em homens; e dificuldade ou dor para urinar. Em adolescentes, pode ocorrer maturação esquelética prematura e puberdade acelerada, com o risco de um crescimento raquítico. Essas drogas, também, podem causar dependência, se o usuário se sentir deprimido ao interromper o uso e ver seu corpo "murchar".

Os principais esteróides anabolizantes são: oximetolona; metandriol; donazol; fluoximetil testosterona; mesterolona e metil testosterona. No país, os mais utilizados são a Testosterona e Nandrolona.

Não existe, no Brasil, estimativa do número de usuários, mas sabe-se que o consumidor preferencial está entre 18 a 34 anos de idade e, em geral, é do sexo masculino. Enquanto não há mecanismos seguros contra o acesso a essas drogas, nossa melhor arma é a informação. Cabe aos profissionais da saúde, principalmente os de Educação Física, que são geralmente os mais procurados pelos praticantes de atividades físicas, para esclarecer dúvidas a respeito dos efeitos dos esteróides, desviar os jovens dessa busca cega por um "corpo fenomenal", ajudando-os a construir sua auto-estima de forma saudável.

## Como combater a drogas

*Aprenda a identificar os principais sintomas do uso crônico de drogas e os métodos mais eficazes para combater o vício.*

Para saber se alguém próximo de você está usando drogas, com vista a uma orientação adequada, observe se essa pessoa apresenta alguma dessas mudanças de comportamento: alteração de apetite; oscilações de humor e mudança de personalidade; pupilas contraídas ou dilatadas; alternância de letargia e sonolência com euforia e hiperatividade; confusão; irritabilidade; fala empastada; irritação na região nasal; má coordenação. Para isso, observe também os instrumentos que facilitam o abandono das drogas:

Instrumentos que facilitam o abandono de drogas:

- Procurar ajuda médica e psicológica.
- Buscar grupos de apoio, como os Narcóticos Anônimos ou centros de reabilitação para dependentes.

- Redução gradual das drogas ou substituição temporária de algumas drogas mais pesadas por outras mais leves e intermediárias, até o momento possível de abstinência. Isso tudo sob supervisão médica.
- Mudança de ambiente, além de abandono dos locais propícios a acesso e uso de drogas.
- Aderir a grupos de auto-ajuda que estimulam e incentivam o abandono das drogas.

## Atividade física também dá barato

*Quando a gente faz exercícios, experimenta sensações até mesmo parecidas com as das drogas. Mas sem nenhum efeito colateral.*

Chegou a hora de chamar a sua atenção para a minha oferta. Eu também estou dentro do supermercado, com um estande promocional, convidando os passantes a experimentar. Pode vir, pode chegar, pode provar sem compromisso. Não tem conservante nem efeito colateral. Mata a fome de prazer, de saúde, de inclusão social, de estética, de auto-estima. A satisfação não é tão imediata quanto a das ofertas ali ao lado; dá até um certo trabalho e exige esforço, mas traz satisfação duradoura e benefícios para toda a vida. Pode ler o rótulo: é a *atividade física*, minha gente.

Quer saber? Atividade física dá barato! Sabe como? Liberando dentro no nosso corpo substâncias poderosas que já nasceram conosco. As verdadeiras drogas naturais. É que os exercícios físicos – tanto os vigorosos, se praticados por pelo menos 20 minutos até uma hora, quanto os moderados, se praticados por mais tempo – estimulam a liberação de *neuro-transmissores* e da *β-endomorfina*. Ou seja, de forma natural, saudável e benéfica, sem efeitos colaterais e destrutivos e sem prejuízos afetivos e financeiros, podemos nos proporcionar certos prazeres que algumas drogas artificiais provocam.

Parece brincadeira, mas é sério. Já que estamos todos no mesmo supermercado, podemos fazer uma lista de atividades que "ligam" a produção de "droguinhas" internas e fazer nossa propaganda. Já tenho alguns *slogans*:

- Para que cocaína, se existe bungee jump?
- Para que maconha, se existe yoga?
- Para que tanta cerveja, se é bem mais divertido sair com os amigos para praticar esporte?

Será que essa diversão toda, de graça, com um corpo bonito em forma de brinde, tem apelo no mercado? Eu acho que sim. Se você concorda, que tal fazer parte da campanha?

Viver pode ser agradável, saudável e prazeroso. Basta saber escolher como matar as fomes do corpo e do espírito.

*A vida até parece uma festa*
*Em certas horas isso é o que nos resta*
*Não se esquece o preço que ela cobra*
*Em certas horas isso é o que nos sobra*
*Ficar frágil feito uma criança*
*Só por medo ou por insegurança*
*Ficar bem ou mal acompanhado*
*Não importa se der tudo errado*
*Às vezes qualquer um faz qualquer coisa*
*Por sexo, drogas e diversão*

*Diversão* (Titãs)[35]

# Saudável para sempre

*Cuidar da saúde e da qualidade de vida pode ser muito prazeroso sim.*

Então é difícil ser saudável? Não, nem tanto. Só requer uma boa dose de determinação para assumir – para si mesmo em primeiro lugar e, em seguida, para os outros – a opção de agir sempre com respeito ao seu 'bem-estar'.

Optar pelo que faz bem, em última instância. É como manusear um equipamento caro com delicadeza. É como não emprestar um disco raro a um desconhecido. É como limpar a casa. Ou, para ser mais claro, agir pela saúde é:

*Manter o corpo ativo, exercitando-se regularmente.* A atividade física regular é uma "chacoalhada" geral no corpo que queima calorias, controlando o peso corporal e reduzindo riscos de doenças cardíacas, câncer e diabetes, além de funcionar como um instrumento positivo de controle do estresse. Os benefícios do exercício se estendem ainda ao estado emocional, a partir da percepção de uma melhor aparência física e da maior disposição para realizar as tarefas do dia-a-dia. Quanto mais freqüente e regular o exercício for, mais você sentirá esses e outros benefícios.

*Alimentar-se de acordo com o que o corpo precisa.* A boa alimentação, que é aquela que aproveita equilibradamente todos os grupos alimentares, também atua positivamente no controle de peso, das doenças cardíacas e do colesterol. Combinada com o exercício físico regular, a "dieta eterna" otimiza o trabalho dos órgãos, fornecendo todo e somente o combustível necessário ao funcionamento do organismo.

*Controlar o peso e a composição corporais*, mantendo-os dentro dos limites adequados à sua estatura;

*Dormir bem* (o suficiente e com qualidade). O repouso durante a noite é o momento certo para determinadas reações acontecerem no corpo. Uma boa noite de sono não só repõe a energia necessária às atividades diárias, como também queima calorias e alimenta os músculos trabalhados, além de contribuir imensamente para o controle do estresse e o bom-humor.

*Não fumar.*

*Não exagerar nas doses.*

*Não usar drogas psicotrópicas.*

E tudo isso para sempre.

Estas dicas não são suficientes para prevenir todas as doenças ou riscos de morte, mas, combinadas, compõem um estilo de vida que resulta num círculo virtuoso de bem-estar e longevidade. São hábitos que ajudam o corpo, a mente e o espírito a ficarem alertas, quando precisarem ficar alertas e a relaxarem, quando for necessário relaxar; que facilitam o bom funcionamento do nosso "equipamento", que preservam nossas músicas raras e mantêm a casa limpa e organizada, pronta para o que der e vier.

Ao contrário do que algumas pessoas ainda possam achar, um estilo de vida saudável não substitui prazeres por dissabores. Todos os hábitos sugeridos envolvem muito prazer. Siga em frente e saberá o que mais há de bom na vida saudável.

MEXA-SE!

# Glossário

Acido lático: O ácido lático é um composto orgânico de função mista ácido carboxílico - álcool. É um co-produto da glicólise anaeróbia, e quando se acumula em altos níveis nos músculos e no sangue, produz fadiga muscular.

Ácido úrico: O ácido úrico é um produto do metabolismo das purinas (proteínas), por ação de uma enzima. Ele é um ácido fraco e a sua forma ionizada, o urato monossódico, é a forma encontrada no plasma humano, no líquido extracelular e na sinóvia.

Adrenalina: É um hormônio produzido pela parte medular das glândulas supra-renais, e que tem numerosos efeitos no organismo (circulatórios, metabólicos e outros). Age como um "estimulante natural".

Anabolizantes: São drogas fabricadas para substituírem o hormônio masculino Testosterona, fabricado pelos testículos. Eles ajudam no crescimento dos músculos (efeito anabólico) e no desenvolvimento das características sexuais masculinas como: pelos, barba, voz grossa etc. (efeito androgênico).

Anandamida: Tipo de gordura que ativa os receptores químicos cerebrais.

Aneurisma: Aneurisma cerebral é uma dilatação anormal de uma artéria cerebral que pode levar a ruptura da mesma no local enfraquecido e dilatado.

Aptidão física: Capacidade dos sistemas do organismo (coração, pulmões, vasos sanguíneos e músculos) de funcionar de modo eficiente para resistir a doenças e ser capaz de participar de várias atividades sem se cansar excessivamente.

Arteriosclerose: Doença na qual há deposição de material gorduroso na parede das artérias, resultando em estreitamento e eventual diminuição do fluxo sangüíneo.

Artrite: Processo inflamatório de qualquer articulação do corpo. O termo pode ser utilizado para descrever genericamente mais de 100 doenças que causam edema das articulações.

Barbitúricos: Grupo de drogas do tipo sedativos-hipnóticos. Sedativo é nome que se dá aos medicamentos capazes de diminuir a atividade de nosso cérebro, principalmente quando ele está num estado de excitação acima do normal.

Benzopireno: Potente agente cancerígeno, formado pela combustão incompleta do tabaco, hulha e óleo.

Bronquites: É a inflamação dos brônquios localizados nos pulmões.

Cádmio: É um dos metais mais tóxicos, apesar de ser um elemento químico essencial. sua função biológia não é muito clara.

Canabinóides: Os canabinóides são derivados da planta Cannabis Sativa e são considerados drogas psicadélicas (leves), alucinogéneas ou depressoras.

Capilares sanguíneos: Vasos de pequeno calibre que ligam as extremidades das arteríolas às extremidades das vênulas.

Cardiovascular: É uma vasta rede de tubos de vários tipos e calibres, que põe em comunicação todas as partes do corpo. Dentro desses tubos circula o sangue, impulsionado pelas contrações do coração.

Cortisona: É um medicamento antiinflamatório e imunossupressor.

Demência: São todas as doenças que provocam alteração da memória de curta ou longa duração associada a alteração da função cortical a qual chamamos raciocínio.

Derrame: Conjunto de distúrbios cerebrais envolvendo a perda das funções cerebrais, que ocorre quando o suprimento de sangue a qualquer parte do corpo é interrompido.

Diabetes: Doença provocada pela deficiência de produção e/ou de ação da insulina, que leva a sintomas agudos e a complicações crônicas características.

Dopamina: A dopamina é um neurotransmissor, precursor natural da adrenalina e da noradrenalina. Tem como função a atividade estimulante do sistema nervoso central.

Enfisema pulmonar: É uma doença crônica, na qual os tecidos dos pulmões são gradualmente destruídos, tornando-se hiperinsuflados (muito distendidos). Esta destruição ocorre nos alvéolos, onde acontece a troca gasosa do oxigênio pelo dióxido de carbono. Como resultado, a pessoa passa a sentir falta de ar para realizar tarefas ou exercitar-se.

Endorfina: É um neurotransmissor utilizada pelos neurônios na comunicação do sistema nervoso. A endorfina é produzida em resposta à atividade física, visando relaxar e dar prazer, despertando uma sensação de euforia e bem estar.

Enzimas: Proteínas complexas que produzem uma alteração química específica sobre outras substâncias sem que exista uma alteração sobre si mesmas.

Ergometria: Designação que diz respeito à medição do trabalho por meio de aparelhos como o ergômetro. Os estudos ergométricos envolvem medições dos mais diversos tipos de esforço físico tais como os esforços musculares de trabalhos efetuados em Esteira ergométrica ou bicicleta ergométrica.

Fatores genéticos: Informações genéticas dos indivíduos que são transmitidas de pais para filhos. Elemento que determina as características dos seres vivos.

Freqüência cardíaca: Freqüência cardíaca ou ritmo cardíaco é o número de vezes que o coração bate por minuto.

Glândula pituitária: É uma glândula que produz numerosos e importantes hormônios, por isso reconhecida como glândula-mestra do sistema nervoso.

Glândulas endócrinas: Uma glândula que segrega substâncias que são lançadas directamente na corrente sanguínea, ao contrário das glândulas exócrinas

Hemoglobina: A hemoglobina é a proteína que contém ferro e transporta oxigênio através dos glóbulos vermelhos (eritrócitos) pelo organismo.

Hiperatividade: Na medicina é denominada por desordem do déficit de atenção. O termo *hiperatividade* é usado como sinônimo de inquietação, super-atividade, hipercinesia e impulsividade.

Hipertensão arterial: A hipertensão é a manifestação sintomática de um estado anormal da circulação. É uma moléstia na qual os valores da pressão arterial em repouso estão aumentados.

Hipocampo: Hipocampo é uma estrutura localizada nos lobos temporais do cérebro humano, considerada a principal sede da memória e importante componente do sistema límbico.

Homesotase: É a propriedade de um sistema aberto, seres vivos especialmente, de regular o seu ambiente interno de modo a manter uma condição estável, mediante múltiplos ajustes de equilíbrio dinâmico controlados por mecanismos de regulação interrelacionados.

Infarto: O infarto do miocárdio se dá quando o suprimento de sangue a uma parte do músculo cardíaco é reduzido ou cortado totalmente. Isso acontece quando uma artéria coronária está contraída ou obstruída, parcial ou totalmente.

Lipossolúveis: Solúvel em lipídios, isto é, gorduras.

Metabolismo basal: O metabolismo basal é a quantidade de calorias ou energia, durante o repouso, que o corpo necessita fazer funcionar todos os órgãos como, por exemplo, o coração, cérebro, pulmões, intestino, etc.

Mitocôndria: É a organela celular, basicamente membranosa, responsável pela produção de energia. Seu envoltório é formado por duas membranas, a membrana externa e a membrana interna, ambas com composição química e estrutural semelhante à plasmalema .

Monoinsaturado: Classificação dos ácidos graxos que contém uma única dupla ligação na sua cadeia de carbonos.

Neuromusculares: Referente ao nervo e músculo.

Neurotransmissor: Neurotransmissores são substâncias químicas produzidas pelos neurônios, as células nervosas, por meio das quais elas podem enviar informações a outras células.

Noradrenalina: É um neurotransmissor metabolizado em produtos biologicamente inativos por oxidação (catabolizada pela monoamina oxidase - MAO) e metilação (catabolizada pela catecol-O-metiltransferase - COMT).

Nutrientes reguladores: Nutrientes que regulam o funcionamento do organismo. Previnem certas doenças e ajuda na digestão de alimentos. São as vitaminas e os minerais.

Omega 3: O ácido graxo Omega 3 é um tipo de gordura poliinsaturada sem os quais nosso organismo não funciona adequadamente. A ingestão do ômega 3 auxilia a diminuir os níveis de triglicerídeos e colesterol total, enquanto que o excesso dele pode retardar a coagulação sangüínea.

Osteoporose: É uma doença que se caracteriza pela diminuição da quantidade de massa óssea desenvolvendo ossos ocos, finos e de extrema sensibilidade, mais sujeitos a fratura.

Persecutórios: É um subtipo de transtorno delirante. Este subtipo aplica-se quando o tema central do delírio envolve a crença de estar sendo vítima de conspiração, traição, espionagem, perseguição, envenenamento ou intoxicação com drogas, estar sendo alvo de comentários maliciosos, de assédio ou obstruído em sua busca de objetivos de longo prazo. Pequenos deslizes podem ser exagerados e se tornar o foco de um sistema delirante.

Poliinsaturado: Classificação dos ácidos graxos que contém duas ou mais duplas ligações na sua cadeia de carbonos.

Polonio 210: Elemento químico radioativo ,dissolvendo-se facilmente em ácidos diluidos, porém só é levemente solúvel em álcalis.

Psicóticos: Indivíduo em estado de psicose (disfunção da capacidade de pensamento e processamento de informações).

Psicotrópicos: Droga que age no *Sistema Nervoso Central* produzindo alterações de comportamento, humor e cognição, possuindo grande propriedade reforçadora sendo, portanto, passíveis de auto-administração.

Sedentarismo: Falta e/ou ausência e/ou diminuição de atividades físicas ou esportivas.

Síndrome do alcoolismo fetal: Termo usado para descrever o dano sofrido por alguns fetos quando a mãe bebe durante a gravidez

Sinestesia: É a relação de planos sensoriais diferentes: Por exemplo, o gosto com o cheiro, ou a visão com o olfacto. O termo é usado para descrever uma figura de linguagem e uma série de fenômenos provocados por uma condição neurológica.

Sobrepeso: Condição clínica caracterizada por um excesso de tecido adiposo.

Tabagismo: Ato de se consumir cigarros ou outros produtos que contenham tabaco, cuja droga ou princípio ativo é a nicotina.

Tálamo: O tálamio é uma região de substância cinzenta (núcleos de neurónios) do encéfalo. São duas massas neuronais situadas na profundidade dos hemisférios cerebrais.

Terceira idade: É a determinação para uma fase da vida de pessoas que passaram dos 60 anos.

Toxinas: Substância de origem biológica que provoca danos à saúde de um ser vivo ao entrar em contacto ou através de absorção, tipicamente por interacção com macromoléculas biológicas, tais como enzimas e receptores.

Úlceras: Ferimento no revestimento interno do estômago ou duodeno,geralmente causadas pela ação do ácido e pepsina, uma enzima digestiva do estômago.

UTOPIA: Algo irrealizável, inatingível. No conceito de Sociologia representa uma situação ou lugar ideais onde as instituições são extremamente aperfeiçoadas.

# Referências

1. **Tavito; Ney Azambuja; Paulo Sérgio Valle**. *Começo, meio e fim*. Tavito. Independente. 1979

2. **Revista Abeso** - *Associação Brasileira para o Estudo da Obesidade e da Síndrome Metabólica,* São Paulo, *A*no III, 6 ed., 2002. (Agita Mundo – *More for Health*).

3. **Nahas, M. V.; Barros, M. V. G.; Francalacci, V.** O pentáculo do bem-estar - base conceitual para avaliação do estilo de vida de indivíduos e grupos. In: *Revista Brasileira de Atividade Física & Saúde*, Londrina/PR. v. 5, n. 2, pág 48, 2000.

4. **Nieman, D. L.** *Exercise* – Health Connection. Champaign: Human Kinetics, 1998.

5.**Sharkey, B. J.** *Condicionamento físico e saúde*. Porto Alegre: Artmed, 1998.

6.**São Paulo** (Estado).Celafiscs e Secretaria de Estado da Saúde de São Paulo. *Isto é Agita São Paulo*. São Caetano do Sul, 2002.

7.**Costa, M. F. L.; Barreto, S. M.; Giatti, L.** A saúde na metrópole. *Caderno de Saúde Pública,* Rio de Janeiro,v.19, n.3, jul. 2003. *Scielo Public Health.*

8.**Matsudo, S.** et al. Nível de atividade física da população do Estado de São Paulo: Análise de acordo com o gênero, idade, nível socioeconômico, distribuição geográfica e de conhecimento.

*Revista Brasileira de Ciência e Movimento,* Brasília, v.10, n.4, 2002.

9. **Saba, F. K. F.** *Determinantes da prática de exercícios físicos em academias de ginástica.* 1999. Dissertação (Mestrado) - Escola de Educação Física e Esporte, da Universidade de São Paulo- SP.

10.**Fenton, M.** *Entre em forma caminhando*: programa progressivo de 90 dias. Tradução 'Outras Palavras'. Rio de Janeiro: Campus, 1996.

11.**Morus, T.** *A utopia.* Porto Alegre: L&PM Editores, 1997.

12.**Gardon, C.; Develay, M.** O que as situações de deficiência e a educação exclusiva "dizem" às ciências da educação. *Revista Lusofona de Educação,* n. 6. Lisboa: Universidade Lusofona de Humanidades e Tecnologias, 2005.

13.**Revista Veja Especial,** novembro, 2002. Disponível em: www.veja.abril.com.br/170304/p_072.html Acesso em: novembro, 2003.

14. **Saba, F. K. F.** A importânciada prática de atividade e o surgimento das academias de ginástica. In: **Molinari, B.** *Avaliação médica e física.* São Paulo: Roca, 2000.

15. **Okuma, S.** *O idoso e a atividade física.*(Aanálise dos efeitos do exercício físico na vida de idosos, com base na observação e em depoimentos espontâneos de alunos). São Paulo: Papirus, 1998.

16.**Barbanti, V. J.** *Dicionário de educação física e esporte.* Barueri: Manole, 1994.

17.**Cobra, N.** *A semente da vitória.* São Paulo: Senac, 2007.

18.**Fett, C.** *A ciência da suplementação alimentar.* Rio de Janeiro: Sprint, 2002.

19.**Carvalho, J. R.; Daskal, M.** *Nutrição esportiva*: uma visão prática. Barueri: Manole, 2002.

www.fabiosaba.com.br
fabio@fabiosaba.com.br

Seja orientado por um profissional de Educação Física.

Faça exames médico e físico antes de iniciar qualquer programa de atividade física.

20. **Bacurau, R. F.** *Nutrição e suplementação esportiva.* São Paulo: Phorte, 2000.

21. **Dufty, W.** *Sugar blues.* São Paulo: Groud, 1996.

22. **Aloe, F.B.** *Sono normal e polissonografia.* [s.n]

23. **Folha de S. Paulo,** Suplemento Equilíbrio, novembro, 2000.

24. **Linde, S.; Hauri, P.** *Vencendo a insônia.* Rio de Janeiro: Editora Objetiva, 1997.

25. **Selye, H.** *Stress without distress.* New York: Lippincott Company, 1974.

26. **Samulski, D; Chagas, M. H.; Nitsch, J. R.** *Stress.* Laboratório de Psicologia do Esporte (LAPES). Escola de Educação Física – UMG. Belo Horizonte: Cupertino Editora & Gráfica, 1996.

27. **Brasil. Inca** -Instituto Nacional de Câncer. Órgão do Ministério da Saúde do Brasil voltado a ações nacionais integradas para o controle e prevenção da neoplasia. Disponível em:www.inca.gov.br Acesso em: 2005.

28. **Zaninifo, J. J.** *Viva mais, viva melhor.* [s.l.]: La Salle, [s.d.].

29. **Brasil.** Ministério da Saúde. *Vigitel Brasil* 2006 - Vigilância de fatores de risco e proteção para doenças crônicas por inquérito telefônico. Brasília, 2007. [Tiragem 50 exemplares em cd-rom].

30. **Revista Época**, 30 de dezembro de 2002.

31. **Revista Galileu** [Globo]. ano II, n.131, junho 2002.

32. **Fossas, F. J.** *Nutrição* – alimentação equilibrada e organismo saudável. São Paulo: Alaúde, 2006.

33. **Arnaldo Antunes; Sérgio brito; Marcelo Fromer.** *Comida.* Álbum Acústico MTV Titãs. WEA, 1996

34. **Vários.** Equipe Técnica/Goal. *Coleção conversando sobre drogas.* Rio de Janeiro: Fundação Roberto Marinho, 2002.

35. **Nando Reis; Sérgio brito.** *Diversão.* Álbum Acústico MTV Titãs. WEA, 1996.